響き合うリーダーシップ

改訂版序文　巧みなリーダーシップの条件

この本が初めて出版されたのは一九八七年、ちょうど私がハーマンミラー社のCEOを退任したころだ。その後さらに八年間、私はハーマンミラーの会長を務めた。その間に、ぶらりと立ち寄るたいていの書店に「リーダーシップ」を扱う書籍のコーナーができた。そこにはきわめてレベルの高いリーダーシップの実例がある——その対極にある実例も。

私は他にも四冊の本を著し、講義をおこない、とりわけ若いリーダーたちの指導者《メンター》としての活動に力を入れてきた。私見では、いまやメンタリングは、あらゆるリーダーにとって重要な職務だ。

メンタリングは、骨が折れると同時にやりがいのある仕事だ。すぐれたメンターになるためには、指導する相手の世界について、時間をかけてたくさん学ばなければならない。真に役立つためには、そうするしかないのだ。相手がすばらしい成長をとげることも多く、それを助けて見守ることには、努力が報われて余りある喜びがある。

思えば私自身も、メンターとして成功した人々から、知らないうちにさまざまな教えを受けていた。カール・フロスト［訳注：ミシガン州立大学名誉教授］、デイビッド・ハバード［訳注：元フラー神学校校長］、そしてピーター・ドラッカーといった人たちだ。

この本を執筆したころの私は、メンターとの関係がリーダーの成長にどれほど大きな役割を果たすかを理解していなかった。いまはその重要性を確信している。だからあなたも、本物のリーダーシップを教えてくれるメンターをひとりかふたり、ぜひ見つけていただきたい。そして、メンターへのいちばんの恩返しは、あなた自身がメンターになることだと憶えておいてほしい。

ここ一五年間でこの本に寄せられた手紙の数には驚かされた。手紙を書いたかたがたの洞察力やコメントにも。

信じられないほど大勢の人が本書を読んで、自分のものにしてくれた。ある読者の手紙によると、その人の奥さんが、ためになると考えて本書を自分の上司に贈ったそうだ。そしてクビになってしまった！　ありがたいことに、まもなくもっといい仕事を見つけたらしい。

軍、教会、教育機関、非営利事業で働く、じつに多くの人々から質問やコメントをいただいた。リーダーシップはむずかしいが重要であり、根本的な課題であるという私の考えを、ほとんどのかたが認めてくれた。

受け取った手紙の数から何より明らかなのは、リーダーシップをめぐって人々が苦労しているという事実だ。

この本のどの章にもほぼ共通するテーマがいくつかある。そのうち、とりわけ巧み

6

なリーダーシップに欠かせないと私が考えるのは、次の三つだ。

第一に、**誠実さ**《インテグリティ》。

多くの人がこれをリーダーシップと結びつけて論じてきた。誠実さは自由市場のシステムを維持する大原則のひとつだ。社会のためにある原則であり、一個人でどうこうできる概念ではない。リーダーに合わせて都合よく変わる概念ではないと誰もが理解しているが、その一方で、言行一致に失敗したリーダーのニュースが報じられない日はない。こういった誠実さの欠如は、文明社会における自制の役割を理解できないリーダーが増えていることから生じている。

誠実さ。なんとシンプルで奥深いことか。

第二に、**関係を築き、育む手腕**。

これは、リーダーが実践すべきスキルのひとつとして欠かせない。

私たちはかつてないほど互いに依存する集団のなかで生活し、働いている。現代社会において、ひとりで仕事をする人はまずいない。当然、ともに働く人々の才能やスキルが日々の生活にかかわり、自分の特別な才能や専門分野に影響を与える。よって技術的に見れば、持ち前の能力をフルに発揮するチャンスを得るには、まず人間関係に対処する能力を身につけなければならない。

ちなみに、人とのつながりをつくる能力は、メンターがとくに力になれる分野だ。ご承知のとおり、人間関係は何よりも「心」の問題だからだ。

そして、第三の主要テーマは、**コミュニティの構築**。

コミュニティはあまねく存在する。そこでは誰もが、最大限に活かすべきチャンスを与えられる。

コミュニティにいればこそ、意味のある目標を設定し、自分の業績を正しくとらえることができる。コミュニティにいればこそ、私たちは個人として成長し、成功し、潜在能力を発揮できる。コミュニティにいればこそ、持ちつ持たれつの生活を支えてくれる相手に敬意や感謝を捧げ、互いに心から許し合うことができる。企業、教会、スポーツ・チームといったコミュニティにいればこそ、他人に奉仕し、他人と知り合うことができる。

真のリーダーは、集団を率いて、めざすべきコミュニティを設計することを、自分の仕事のひとつと考える。どうなりたいかを自覚することで、どう生きるかがつねに決まるからだ。

ぜひとも本書のなかからこういったテーマを見つけ、あなたなりに肉づけしてもらいたい。それらが役に立つこと、リーダーであるあなたが、自分自身の生活に合わせて活用できることを願っている。

二〇〇三年一一月

マックス・デプリー

本書に寄せて　**理想を現実に変えた会社**

南カリフォルニア大学経営大学院
ジェームズ・オトゥール

ハーマンミラーの経営はすばらしい――そう指摘する最初の人間になれればよかったと思う。しかし実際には、この秘密が世に知られるようになって久しい。

ハーマンミラーは一九二三年にD・J・デプリーによって創業され、一九三〇年代からその卓越性のさざ波を（そして革新の大きな波を）立ててきた。

マックス・デプリー（D・Jの息子でハーマンミラーの現CEO）によるこのすぐれた本を読み終えてからというもの、私は最初にこの会社の存在を知ったのがいつだったか、懸命に思い出そうとしている。

初めて〈イームズチェア〉に坐ったのは、一九五〇年代初頭だったかもしれない。だが当時は七、八歳だったので、あなたがくつろいでいるその快適でエレガントなデザインの傑作は、ハーマンミラーという会社の製品です、と誰かが教えてくれたとは思えない（〈イームズチェア〉の第一号が、ニューヨーク近代美術館とルーブル装飾芸術美術館の永久収蔵品だと知ったのも、かなりあとになってからだ）。

その後三〇年ほどの記憶をたどってみると、一九八三年に、ハーマンミラーがミルトン・モスコウィッツらによってアメリカの「もっとも働きがいのある会社ベスト一〇〇」の一社に選ばれたとき、すでに社名はよく知っていたので、さして驚かなかったのは憶えている。そのときにはもっともな選択に思えた。

ああ、いまその理由を思い出した！　初めてこの社名を耳にしたのは一九七二年だ。それはアメリカが日本の産業界からの挑戦を意識した年で、私のような経営コンサルタントが大挙して、国内の製造業の生産性を上げる方法を見つけようとしていた。その年は、私がスキャンロン・プラン――労働者がみずから仕事の量と質を向上させるように「効率よく人間味のある」動機づけをおこなう手法――を「発見した」年でもある。

スキャンロンの考え方はシンプルだ。労働者の提案した方法で生産性が向上した場合、生じた利益を貢献度に応じて本人に分け与えるというものだ。このスキャンロン・プランを初めて知ったとき、私はすばらしいアイデアだと思った。いまでもそう思っている。が、残念ながら、一九七二年に知ったときには、ハーマンミラーはすでに二〇年前からスキャンロン・プランを実施していたのだ！

それどころか、その後どこかですぐれた経営手法を「発見する」たびに、たいていそれはすでにハーマンミラーの日常業務に取り入れられていた。だからこそ、私のような人間（経営学の教授、ビジネス関係のジャーナリスト、経営コンサルタントなど）が何人も、とほうもない時間をかけてハーマンミラーの方式を研究し、そのきわだった進歩の跡をたどってきた。

ハーマンミラーのめざましい実績に注目しつづける理由は山のようにある。

第一に、**収益性がきわめて高い**。

一九七五年にハーマンミラー株に投資した一〇〇ドルは、正確なところ、一九八六年には四八五四ドル六〇セントにまで上がった（計算機を出す手間を省くために言うと、年平均成長率は四一パーセント）。現在、フォーチュン五〇〇社のなかで「ちっぽけな」ハーマンミラーの売上高は四五六位にすぎないかもしれないが、一〇年間の投資収益率は七位である（これこそ財務の専門家が重視する点だ）。

第二に、ハーマンミラーはほかの家具製造会社より従業員の数は少ないが、**生産性は業界一**だ（従業員ひとりあたりの純利益で見た場合）。

また、さまざまな基準で上をいく競合他社はあるものの、ハーマンミラーはどの会社と比べても、平均二倍近い費用をデザインと研究開発にかけている（生産性の高い労働者＋革新的な製品＝業界におけるリーダーシップ、ではないだろうか）。

第三に、ハーマンミラーの**革新性は誰の目にも明らか**だ。デザインと研究開発にかける費用については触れた。しかし、費用より目を引くのは成果だ。開放型オフィス、パーティション付きのデスク、積み重ねられる椅子、明るくオープンで、さまざまなオフィス環境に柔軟に対応できるオフィスシステム〈イソスペース〉――まだまだあるが、これらがハーマンミラーの革新的な製品だ。

ミシガン州ジーランドという、バーもビリヤード場も映画館もない田舎町に本社を構える会社が、どうしてこれほど大胆なデザインを考案できたのか、疑問に思われるかもしれない。トップ・デザイナーはみなニューヨークやパリやローマに住んでいるのではないか、と。

本書の著者マックスによれば、トップ・デザイナーがこぞってジーランドへやってきたらしい。それは、D・J・デプリーと、マックスの前に社長を務めた兄のヒューに、ものごとを「思いきって他人の奔放な発想にまかせる強みがあった」からだ。

D・Jは、ギルバート・ローディ、チャールズ・イームズ、ロバート・プロプストといった二〇世紀を代表するデザイナーを何人も説得してジーランドに呼び寄せ、イームズの言う「すぐれたもの《グッド・グッズ》」を自由にデザインしてほしいと言った。D・Jは（のちにはヒューもだが）、口うるさい役員や営業担当者やエンジニアが、デザインの「あちこちに小さな改良を加えない」ことを約束した。すぐれたデザインに市場性があり、優秀なデザイナーには奔放な発想を試す自由が必要だと判断したのだ。

要するに、D・Jはずっと昔からハーマンミラーを追随者《フォロワー》ではなく、指導者《リーダー》にしようと決意していた。同社はいまもリーダーのままだ。

第四に、マックスも父親と同じく、**思いきって他人の強みにまかせるルール**を信じていた。

超一流デザイナーや、大学の学位を持つ「専門家」だけでなく、ハーマンミラーの従業員すべての強みを信頼し、彼らに仕事をまかせた。たとえば、従業員はスキャンロン・プランを通して、顧客サービス、品質、生産性などを改良する方法を経営層に提案する。一九八七年から八八年にかけて、従業員の提案によって約一二〇〇万ドル（国内の従業員ひとりあたり約三〇〇〇ドルに相当）のコストを削減することができた。

一方、トップ・マネジャーもひと月に一度、従業員に会社の生産性と利益（アメリカの大手企業ではたいてい機密扱いとされる情報）を報告し、従業員の提案の処理状況についても説明する。従業員がなぜそれを気にかけるのか。彼らもハーマンミラーのオーナーだからだ（勤続一年以上の正社員の一〇〇パーセントが同社の株式を持ち、五〇パーセント以上が、給付分に加えて定期的に株式を購入している）。

マックスはこう言う。「わが社ではね、従業員がオーナーのように行動するんだよ」

第五に、これがいちばん重要なのだが、ハーマンミラーは**誠実な会社**だ。マックスは誠実さ《インテグリティ》を「自分の義務をよくわきまえていること」と定義する。そのことは、すぐれたデザインや品質に対する注力や、社会への貢献に現れているし、顧客、投資家、サプライヤーを尊重する明確な態度からも見てとれる。

誠実さはいくつもの小さなことに現れる。たとえば、他社の経営層がゴールデン・パラシュート制度［訳注：社の買収や合併により失職する際に高額な退職金をもらえる幹部向けの制度］をととのえ、「わが身のことだけを考えて」いたとき、ハーマンミラーは一九八六年、勤続二年以上の従業員すべてにシルバー・パラシュート制度を導入した。これは、ハーマンミラーに対して解雇につながる敵対的な買収がおこなわれた際に、一般従業員に退職金を払って衝撃をやわらげる制度だ。こうした手当は普通の企業ではおろそかにされがちだが、ハーマンミラーは普通の企業ではない。

フォーチュン誌によるアンケート調査で、一九八八年にハーマンミラーが「もっとも称賛される企業一〇社」に選ばれたのも無理はない（業界一位に輝いただけでなく、

「商品とサービスの質」部門では全米四位となった）。

いずれも見事な実績だが、私が現在と将来のリーダー全員にマックスの本を心から薦めるおもな理由は、それではない。ビジネス・リーダーシップについてこれまで書かれたなかで最良の本だと確信しているからだ。

すぐれた企業をつくるうえでリーダーの役割を重視する本は、ここ数年で一〇冊以上出版されている。しかし、そのなかで本書だけが、リーダーシップについて、忘れられているが重要なひとつの真理を明らかにしている――**リーダーには考えがある**ということだ。

ほかの類書では、リーダーを、カリスマ性のある人、芸人、応援団長、口達者、夢想家、独裁者、サーカスの軽業師など、さまざまに描き出している。リーダーは大声で命令を下し、みんなの仕事を片づけてまわる。千人の従業員を抱える企業でこんなことがうまくいくだろうか（一〇万人ならなおさら）。

マックスの考えるリーダーシップとは、そのようなものではない。マックスはみずからの経験から、従業員の意欲をかきたてるのが、リーダーの大声でも、鞭のひと振りでも、人気番組のパーソナリティ並みのトークでもないことを知っている。

彼によれば、リーダーシップの「アート」〔訳注：技《わざ》、技術、芸術〕とは「人々を解き放ち、もっとも効率よく人間味のある方法で働いてもらう」ことだ。部下の仕事の障害を取り除くという意味で、リーダーは「奉仕する者《サーバント》」だ。要するに、真のリーダーは部下の潜在能力を最大限まで引き出す。

これを効率よくおこなうために、リーダーは理路整然と考えなければならない。つまり、みずからの信念を明確にしなければならない。考え抜いたうえで、人間性、組織の役割、勤務評定などについて仮説を立てなければならない（その他多くの問題については、マックスが本書のあちこちにちりばめた、きわめて有益なソクラテス式問答のリストを参照されたい）。

それらの問題をあらかじめ慎重に考えておけば、マックスいわく、リーダーは自信を持って「反対意見を奨励」し、「思いきって他人の強みにまかせる」ことができる。

要するに、真のリーダーは聞き役なのだ。部下のアイデア、ニーズ、抱負、希望に耳を傾け、しっかり築いたみずからの信念体系に沿う適切な方法で対応する。だからこそ、リーダーは自分の心を熟知しておかなければならない。だからこそ、リーダーシップには考えが必要だ。そして、それこそが本書の内容、すなわち、組織のリーダーシップに関する考えをまとめたものなのだ。

疑問がひとつ残る。はたして効果はあるのだろうか（マックス・デプリーは本書のリーダーシップ論を本当に実践しているのか？　ハーマンミラーが明らかに成功しているのは本当にマックスのリーダーシップのおかげなのか？）。

答えは、無条件のイエスだ。このイエスという答えが、CEOの哲学と実際の仕事ぶりにほぼかならずギャップがあると痛感している懐疑論者のものであることを、心に留めていただきたい。

私はしばらく、マックス・デプリーの唱える経営手法をたかだかひとつの理論だと考えていた。しかしそれも、ハーマンミラーの従業員に会社の経営層をどう思うかと尋ねる、究極のテストをおこなうまでのことだった。

さらに、私はハーマンミラーの工場を初めて訪問した。工場ではどこを見学してもよく、マネジャーであれ労働者であれ、誰に話しかけてもよいという無条件の許可をもらった。

唯一の問題は、なんと両者の区別がつかないことだった！　労働者とおぼしき人が生産性と品質を上げる「マネジメント的」問題解決に取り組んでいた。一方、マネジャーとおぼしき人が袖まくりをしてみんなと並び、もっとも効率的な方法で最良の製品をつくり出そうと懸命に働いていた。「すぐれたリーダーシップのしるしは部下のなかに現れる」。このすばらしい本のなかで、マックスはそう述べている。

まさにそのとおりだ。マックスがすぐれたリーダーであることは、作業員であれマネジャーであれ、私がことばを交わしたハーマンミラーの従業員全員の建設的な自主管理の精神に、はっきりと現れていた。

それまで何十もの企業を訪問していたが、あんな光景は見たことがなかった。マックス本人が、みずから説く内容を実行していただけでなく、彼のもとで働く人々、すなわち、彼が奉仕している人々もそれを実行していた。従業員はマックスが信じ、考えていることを信奉していた。とりわけ、ハーマンミラーがこの先何年も競争力を維持するには、製品を絶えず改良し、つねに新しい進取の精神を持ちつづけなければならないという考えを。

理由あって将来のことを考えている人なら、ハーマンミラーのような会社に投資するはずだ。少なくとも私はそうした。この前、末の娘の大学進学のために貯めておいた資金をハーマンミラーの株に投資したのだ。娘の将来のことを考え、将来性のある会社に投資したかった。

マックス・デプリーがハーマンミラーに残すリーダーシップという遺産のおかげで、どれだけ輝かしい将来が約束されていることか！

響き合うリーダーシップ † 目次

はじめに

この本はどこから読みはじめてもいい。実務というより考え方に関する本だ。ものごとの処理の仕方を説明したマネジメントの本ではない。

とはいえ、ここに示した信念は、きわめて重要な場面で役立つだろう。リーダーシップの「アート」、つまり、人々を解き放ち、もっとも効率よく人間味のある方法で働いてもらうことを伝える本だから。

また、この本は学術書でも歴史書でもない。私は人に話をするのが好きだが、そればかりを並べてはいない。むしろ考えや信念や人間関係を重視しているので、組織における「どのように」より「なぜ」にかかわる話が多い。「どのように」の望ましい結果である「利益」をあげることは、組織にとって当たり前だし、不可欠だ。しかしその結果はあくまでも、ある時点での組織の力を評価する一手段であり、長い道のりの途中にある一里塚にすぎない。その結果が得られる理由のほうがもっと重要なのだ。この本はそれを論じている。

執筆には多くの人々が協力してくれた（一部の人はそうと知らずに）。実名をあげさせてもらった人も多い。ハーマンミラーについては何度も引き合いに出した。私が四〇年勤めた会社だからだ。よって、この会社を高く評価していても驚かないでいただきたい。ハーマンミラーの従業員は、いまや私の第二の家族だ。

多くの読者は自分の姿を投影しながらこの本を読まれるかもしれない。おそらく直接お会いしたことはないだろうが、そんなふうに読まれたとしても意外ではない。

本書に示した考えや信念や原則は、ほぼすべての組織活動に適用できる。たいていの組織において、すこやかな人間関係を築くことは可能だ。

チャールズ・イームズ［訳注：家具デザイナー、建築家］は反復の効用を教えてくれた。

私はよく同じことをあえてくり返し述べ、それをきちんと確立したうえで次のことにつなげる。新しい状況は、すでに知っているものと結びつけられることで理解が深まる。

リーダーシップは「アート」だ。時間をかけて身につけるものであり、たんに本を読んで学ぶものではない。リーダーシップは科学というより伝承であり、情報の蓄積というより関係の構築なので、その意味では、私はそのすべてを明らかにする方法を知らない。

人はみな、あらゆる本をみずからの経験、ニーズ、信念、能力にもとづいて「読破」する。これが本を完全に自分のものにする方法だ。本を買うのはたやすいが、自分のものにするのはむずかしい。

本書には、あなたが自分の経験で埋めて、自分のものにするための余地がある。ここで示した考えを私は何年もあたため、変容、発展、成熟させてきた。出版後もずっとこの作業を続けていくが、あなたにもそうしてもらえるものと信じている。

こんなことを言うのは、本書があなたに何かを求めていること、本書にあなたの影響を受けたり意見を取り入れたりする余地があることを知ってもらいたいからだ。読み進めるにしたがって、ここで論じられているさまざまな考え（とりわけ、参加やオーナーシップについて）が明らかになるだろう。綿密な設計にもとづく建築物がそうであるように、この本にも柔軟性が備わっていることを願う。

子どものころ、私は本を熟読する大人をたびたび目にし、読書に関する初めての教訓を得た。彼らは「書きこみ」をしていた。熱心でまじめな読者は欄外や行間に書きこみをするものだ（あなたも本書にたくさん書きこみ、行間を読むことになるかもしれない！）。すぐれた読者は線を引き、書きこみ、自問しながら、学んだことを自分のものにしていく。そうして本を「読破」する。

この本をさっと読んでしまうことは可能だが、すぐに読破できないものであってほしい。読破して、真の意味で自分の本にしたほうがずっと価値がある。

何年も前、ハーマンミラーがある工場を増築していたときのことだ。骨組みができたときに、現場監督は何かがおかしいことに気づいた。増築部分が八インチ高すぎたのだ。鉄柱をすべて切りつめなければならなかった。私はその切れ端ふたつにクロムめっきをほどこしてもらった。

それらはいま、民芸彫刻品のように私のオフィスに鎮座していて、この世に完璧なものなどないことを思い出させてくれる。

本についても、やはり同じことが言える。

1

ある親方の死

私の父は九六歳になる。ハーマンミラーの創業者であり、今日まで引き継がれている会社の価値体系と、蓄えられた活力の多くは父に由来する。

一九二〇年代の家具製造業界では、ほとんどの工場の機械は電気モーターではなく、中央の駆動軸の滑車によって動かされていた。この駆動軸は蒸気エンジンで動き、エンジン用の蒸気はボイラーから送りこまれ、ボイラーの燃料には、わが社の場合、機械室で出るおがくずやほかの廃棄物が用いられ……と、すべてが見事に循環していた。親方はその循環の監督者であり、工場の操業全体を担うキーパーソンだった。

ある日、その親方が亡くなった。

当時、若いマネジャーだった父は、キーパーソンの死に際して何をすべきかよくわからなかったが、とにかく弔問に行かなければと考えた。自宅を訪ねたところ、遺族のいる居間へ通された。ぎこちない会話が交わされた。多くのかたになじみのある状況だろう。

詩を朗読してもかまわないでしょうか、と未亡人が父に訊いた。もちろん父は同意した。彼女は別の部屋へ行き、ある冊子を持ってくると、美しい詩をいくつか選んで、長い時間をかけて読んだ。朗読が終わったとき、父はじつに美しい詩だったと感想を述べて、作者を尋ねた。彼女は、親方だった夫が詩を書いていたと答えた。

その親方が亡くなって六〇年近くたつが、父もハーマンミラーの従業員の多くも、いまだに疑問に思っている——はたして彼は親方として働く詩人だったのか、詩を書く親方だったのかと。

企業生活を理解するうえで、私たちはこの話から何を学ぶべきか?

リーダーにとっては、指標、目標、変数、最終収益を知ることのほかに、「個性」を認めることが欠かせないのだ。そしてこれは人々の才能、力量、スキルの多様性を理解することから始まる。

リーダーに多様性への理解と受容があれば、社員一人ひとりが、自分は大切にされていると感じることができる。他人を信じて仕事をまかせようという雰囲気も生まれる。ひとりですべてを知り、実行することはできないからだ。

職場で人々の多様性を認める――このシンプルな態度が、じつにさまざまな才能を仕事やサービスに結びつけるのに役立つ。

多様性があるから、みなそれぞれの方法で貢献し、各人の特別な才能を企業努力の一部に活かすことができる。

多様性を認めれば、社員は職場で機会や平等やアイデンティティを求められていることがわかる。仕事に意味、充実感、目的を見出すこともできる。これらは私的生活でしか得られないと考えるべきではない。愛や、美や、喜びと同じく、職場でも得られるのだ。

多様性を認めることは、私たちの多くにとって目標と報酬が根本的に異なることを理解するのにも役立つ。

結局のところ、多様性は組織に厳として存在するにもかかわらず、あの親方のように、まわりに認識されないまま終わることが多い。別の詩人のトマス・グレイが詠っているように、才能は最後まで気づかれず、活かされないのかもしれない。

あまたの清らかな光の珠が
海の底知れぬ洞窟の闇に眠り
あまたの花が人知れず咲き
甘き香りを荒れ野に虚しく散らす

リーダーについて、そして企業や組織に人々が持ち寄るさまざまな才能について考えれば、リーダーシップの「アート」とは、それらの才能を磨き、解き放ち、発揮させることだとわかる。

2

リーダーシップの「アート」とは?

リーダーは、まず最初に現実を明らかにしなければならない。そして最後にありがとうと言わなければならない。その間、リーダーは部下に奉仕し、部下に借りをつくる。すぐれたリーダーはこうして成長する。

リーダーシップの概念、発想、実務について、人々はさかんに考え、議論し、書き、教え、学んでいる。真のリーダーが求められ、育成されている。リーダーシップはたやすく説明できるものではない。私の友人はリーダーをシンプルにこう表現した――リーダーは人に苦痛を与えず、みずから苦痛に耐える。

リーダーシップについて真剣に考えるのは、偉大なリーダー、カリスマ的リーダー、有名なリーダーを生み出したいからではない。リーダーシップで大切なのは、優秀な頭脳ではなく、全身のたたずまいだ。

すぐれたリーダーシップのしるしは、まず部下に現れる。部下は潜在能力をフルに発揮しているか。学んでいるか。人に奉仕しているか。求められた成果を出しているか。品位を保って変化しているか。争いにうまく対処しているか。

リーダーを、新約聖書にある「上に立つ人は仕える者のようになりなさい」〔訳注：『ルカによる福音書』第二二章二六節より〕に即して考えてもらいたい。このリーダーは、組織からさまざまなものをあずかっていると考える。また、組織の後継者について考え、自分は組織の所有者ではなく世話役だと考える。ロバート・グリーンリーフ〔訳注：AT&Tに勤務後コンサルタントとして活躍。一九九〇年没〕はこの考え方について、*Servant Leadership*（『サーバントリーダーシップ』英治出版）というすばらしい本を著している。

リーダーシップの「アート」を身につけるには、リーダーを世話役として考えなければならない。資産と遺産、推進力と効果、礼節と価値観という点から、次のようにとらえることだ。

リーダーは資産と遺産を残さなければならない。まず資産について考えよう。リーダーは組織から資産をあずかっている。よって、すこやかな財務状態を維持し、組織を存続させるための関係と評判を築かなければならない。また、組織に、適切なサービス、製品、道具、設備を提供しなければならない。いずれも従業員が責任をもって仕事をするために必要だ。リーダーは多くの組織で土地と施設を準備する責任も負う。

リーダーはほかにもあずかっているものがある。ここで「人」の話をしなければならない。重要なことはいろいろあるが、すべての中心は人だ。人がいなければ、リーダーも必要ない。組織の後継者に「資産」を残すことに専念するのか、それにとどまらず、よりむずかしい、生活の質にかかわる（部下の生活に深い意味と、さらなる課題と、大きな喜びをもたらす）「遺産」を残すのか。それはリーダーの決意次第だ。

リーダーは、資産だけではなく従業員にも責任を負う。よって、組織の価値体系にも気を配らなければならない。価値体系は、従業員の実務に影響を与える原則や基準にかかわるからだ。

リーダーには、組織の価値観をはっきりと示す義務がある。この価値観は従業員に広く理解、共有される。組織や個人はこれにしたがって行動しなければならない。この価値体系は何にもとづくのか。どう表現されるのか。どう評価されるのか。こうした問題に対処するのはむずかしい。

リーダーはまた、未来のリーダーシップについても責任を負う。未来のリーダーを選び、育成し、その才能を伸ばさなければならない。

リーダーは組織内で「質」に対する意識を高め、さまざまな影響や変化への対処法を明らかにしなければならない。すぐれたリーダーは反対意見を奨励する。それが重要な活力源となるからだ。そうしてリーダーは組織の基礎を固め、組織の存続を意識し、組織文化を築く。

リーダーは組織内に「心の関係」をつくらなければならない。組織は結局、人の集まりだ。思いやりがあり、目的を持ち、熱意のある人が組織のなかでどうなりうるか。リーダーは彼らを正しく評価する新しい基準を示さなければならない。

いま、組織のなかで何ができるかと言わなかったことに着目してほしい。「何ができるか」は「どうなりうるか」の結果にすぎない。企業はその構成員と同じく、つねに変化している。「心の関係」を通して人々は団結し、互いのニーズを満たし、それによってまわりの世界と調和をはかりつつ、組織のニーズを満たすことができる。

リーダーは成熟した人物でなければならない。自尊心、帰属意識、人に期待する気持ち、責任感、公平感を備えるということだ。

リーダーは筋道を通さなければならない。それによって企画や人間関係に理由や共通の理解が生まれる。筋道を通せば、秩序ができる。秩序のあるところでしか、人々のすぐれた面や熱意や能力は引き出せない。秩序立った環境では、信頼と人の尊厳が重んじられ、組織の目標を達成しようとする人々に自己啓発と自己実現の機会が与えられる。また、ビジネス・リテラシー（企業の経済的基礎を理解する力）は欠かせない。ひとまとまりの知識を共有し、ともに学びつづける人々だけが、生き生きと働き、成長しつづけることができる。

リーダーは従業員に「場」を与えなければならない。自由に才能を活かせる「場」だ。職場では、互いに成長し、自分らしくふるまい、多様性を活かせる場を与え合わなければならない。アイデア、開放性、敬意、喜び、癒し、仲間意識――こうしたすばらしいものをやりとりする場を与え合うのだ。その際には、品格と美という「贈り物」も与えること。誰もがそれを受け取る権利を持っている。

リーダーの責任について考えるには、次のように自問してみてもいい――この組織にぜったい欠かせないものは何か、と。

リーダーは組織に推進力を与え、それを維持しなければならない。リーダーシップには、将来果たすべきさまざまな義務がともなうが、いま、すぐ果たすべき義務はもっと多い。組織に推進力を与えることもそのひとつだ。

元気な会社の推進力は、手で触れられそうなほどだ。それは抽象的な力でも謎でもない。推進力は人々が共有する感覚、生活と仕事が密接につながり、はっきりした正しい目標に向かってともに前進しているという感覚だ。

この感覚は、まず有能なリーダーとマネジメント・チームが経営を積極的に発展させ、チャンスを増やそうと努力することから始まる。彼らの仕事は、推進力を高める環境づくりだ。

推進力のもとになるのは、どんな企業をめざすべきかという明確なビジョン、そのビジョンを実現するための周到な戦略、そして慎重に考えられ、従業員に伝えられた方針や計画、すなわち、達成に向けて全員が参加でき、堂々と成果を発表できる計画だ。

すぐれた才能、たぐいまれな才能を持つ人々が、適切で柔軟な研究開発プログラムを進めるかどうかで、推進力はちがってくる。また、マーケティングやセールス部門に、積極的でプロ意識が強く、やる気のある人が集まっていると推進力が生まれる。業務部門の社員が、最高の手段、設備、サービスを提供していると顧客に思ってもらえるときもそうだ。

そして、これら多くの活動の基礎として欠かせないのが、財務部門の役割だ。彼らは財務上の指針と必要な数値を与える。財務部門は、企業という家族を構成するさまざまな部門間の公平を保たなければならない。

リーダーは「効果」に責任を持つ。効果については多くの著作がある——なかでもすぐれているのは、ピーター・ドラッカーによるものだ。彼には概念を簡潔に表現するすばらしい能力がある。たとえば、こう述べている——効率性《エフィシエンシー》とは正しくおこなうことだが、効果《イフェクティヴネス》とは正しいことをすることだ。

リーダーは「効率性」は人にまかせてもいいが、「効果」にはみずから取り組まなければならない。当然「どのように」という疑問が生じるだろう。効果をあげるための方法を論じればいくらでもページを埋められるが、ここではふたつだけを紹介したい。

第一の方法は、他者に潜在能力を発揮してもらうこと。これには「個人」の潜在能力と「組織」の潜在能力が含まれる。

南太平洋のある地域では、人前で話す者はそのときだけ権限を示すために巻貝を手にする。そこのリーダーは、誰が貝を持つべきか（つまり、いつ誰の意見を聞くべきか）を理解していなければならない。そのリーダーの働きによって、人々は集団全員のために自分の才能を発揮することができる。

つまり、リーダーは人の能力を評価しなければならない。人物を判断しなければならない。リーダーは人を選ぶのであって、立場を選ぶのではない。

効果をあげる第二の方法は、臨機応変に対応する「遊軍リーダーシップ」を奨励すること。遊軍リーダーシップはさまざまな状況に応じて発揮されるもので、遊軍リーダーは特別な才能や強みや気質を持ち、特別な状況下で人々を導く。こうした遊軍リーダーは、彼らにしたがう人たちによって承認される（六章参照）。


リーダーは礼節と価値観を育み、それらを表現し、守らなければならない。礼節を知る組織や企業では、人々が礼儀正しくふるまい、個人を尊重し、「すぐれたもの《グッド・グッズ》」を理解し、互いに感謝しながら助け合っている。

礼節は、流行に乗らないという価値観と結びついている。「健康なものと、ただ生きているように見えるだけのものを区別する能力」と言ってもいい。リーダーは、活力のあるものと衰退しつつあるもののちがいを見きわめることができる。

すばらしいアイデアや希望やチャンスを見失い、人々に必要な権利を踏みにじるなら、それは衰退の一歩手前だ。

投げやりな考えで品物やアイデアを無駄にしたり、原則や法を破ったり、個人や家族を見捨てたりすることも、衰退を招く。率先して浪費し、カネもうけに走り、安易な満足を求めることも。

労働の尊さ、シンプルであることの美しさ、互いに奉仕し合う責任といったことを無視するのも、衰退の一歩手前だ。

連邦最高裁判事だったオリバー・ウェンデル・ホームズは、シンプルさについてこう語ったと言われる。「複雑さのなかに埋没したシンプルさに興味はないが、複雑さを超越するシンプルさのためなら命を差し出してもいい」

活力ある経営とは「複雑さを超越するシンプルさ」を求めることだ。

保守やマニュアル、官僚的な仕事や無意味な数量化に多大なエネルギーが費やされているいまの社会で、リーダーは、複雑さ、あいまいさ、多様性に取り組むことを、むしろ特権として楽しまなければならない。

そして何よりも、自分をリーダーと認めてくれる人々の生活に、大きなちがいをもたらすチャンスに恵まれたと考えなければならない。

3

参加型マネジメントで組織を変える

私たちのほとんどが仕事に求めるものは何か？　それは、もっとも効果的、生産的で、見返りの多い共同作業の喜びだ。

私たちは、仕事のプロセスに必要なヒト、モノ、カネをすべて利用したい。どこかに帰属し、貢献し、意味のある仕事をしたい。熱意を注ぎ、成長し、自分の運命をせめてある程度はコントロールする機会を得たい。私たちはこうした個人的ニーズを満たす仕事と人間関係を求めている。そして誰かから「ありがとう！」と言われたい。

ビジネスは長年のうちに変化してきた。これからも変化しつづけるだろう。たとえば、昔は権力によるマネジメントがよしとされ、実践されていたが、やがて説得によるリーダーシップに移り変わった。公然と組織的権力を行使するのはもはや時代遅れだ。

現代的なマネジメントのうちでもっとも効果的なのは、参加型マネジメントだと思う。これについては最近さまざまな書物でさかんに論じられているが、専門誌を数冊読んで導入できるような理論ではない。

参加型マネジメントは、人々の潜在能力を信じるところから始まる。その能力を信じず、組織に人々が持ち寄る才能を確信せずにおこなう参加型マネジメントは、表現自体に矛盾がある。

参加型マネジメントは、人々の心と、おのおのの人間哲学から生まれる。あたかもマネジメントの一ツールのように、会社の方針マニュアルに追加したり、そこから削除したりできるものではない。

組織の意思決定に影響を及ぼし、その結果を理解する権利と義務は、メンバー全員にある。参加型マネジメントにおいて、独断、秘密裏、または質問を受けつけないかたちでの意思決定はありえない。とはいえ、参加型マネジメントは「民主的」マネジメントではない。発言権は保証されるが、それは投票権とは別物だ。

組織内にすこやかな人間関係があれば、たいてい効果的に影響力を行使し、互いに理解し合うことができる。だからリーダーは、人々が良質な関係（従業員同士の関係、取引グループとの関係、クライアントや顧客との関係など）を築けるように、環境をととのえ、仕事のプロセスを変えていかなければならない。

理想的な関係を生み出すという課題にどうアプローチするか？　確実な公式はないが、手始めに五つのステップを提案したい。もちろん、あなた自身がこの内容を変更したり、新たなステップを加えたりすることになるだろう。

①人を敬う

これは人の才能の多様性を知ることから始まる。

私たちは、互いの才能の多様性を理解することで、相互信頼というきわめて重要な一歩を踏み出すことができる。また、ほかの人の強みを再発見することもできる。人は誰しも他人にはない才能を持ち合わせている。真の参加と賢明なリーダーシップによって、みなそれぞれの方法やタイミングで才能を発揮することができるのだ。

購入すべきボール盤［訳注：穴あけ加工用の工作機］について、CEOが口を出すのはばかげている。株式分割を発表すべきかどうかについて、ボール盤の担当者が口を出すのも同じだ。

②方針や業務より、自分たちの信念を優先させる

これは企業と個人の価値観にかかわる話だ。私は自分の価値観と世界観をできるだけしっかりと職業生活に取り入れるべきだと思っている。家庭生活やさまざまな活動にそれらを反映させているのと同じように。

マネジャーの多くはみずからのスタイルを気にする。自分のやり方は公明正大と見られているだろうか、独裁的、または参加型と見られているだろうか、と。スタイルと信念の関係は、実務と方針の関係と同じだ。「スタイル」は、心のなかにある「信念」の結果にすぎない。

③仕事上の権利を認める

ヒエラルキー内でどの職位にあろうとも、誰もが次のような権利を持っている。す

なわち、組織にとって必要と見なされること、組織から関与を求められること、「心の関係」をつくること、「理解する」こと、自分の運命にかかわること、責任をもって仕事を遂行すること、抗議をすること、仕事に熱意を注ぐことだ。これらの権利については、五章でさらに述べる。

④「契約関係」と「心の関係」の役割と両者の関係を理解する

契約関係に含まれるのは、期待される事項、目標、報酬、労働条件、手当、報奨制度、制約事項、スケジュールなどだ。これらはみなふつうの職場生活の一部であり、欠かせない。

しかし今日においては、契約以外に必要なものがある。組織で働くもっとも優秀な人々は、ボランティアのようなものだ。どんな組織においても好条件の仕事を得られる彼らは、給与や職位よりもっと把握しにくい理由で仕事を選んでいる。ボランティアに契約はいらない。「心の関係」が必要なのだ。

「心の関係」をつくることで、組織は特異な人物やアイデアを内部に取りこむことができる。「心の関係」によって、メンバーの参加が進み、まとまりのよい集団ができる。契約関係に「愛着」は生じないが、心の関係では生じる。

⑤「関係」は「構造」より重要であることを理解する

例をあげよう。

どんな教育機関も、かならずある種の認定委員会から定期的に評価される。私が運営にかかわってきたある小さな大学も、最近この評価を受けた。その結果、委員会は、引退間近の学長と教授陣のあいだにはきわめて高い信頼関係があり、同じような信頼関係を次期学長と築くために、大学がいくつかの「構造」を変えなければならない、と報告した。

学長はこれをおもしろがった。なぜなら、構造は信頼とはなんの関係もないからだ。信頼を築くのは「人」である。

最後に質問をひとつ。あなたは「すぐれた」組織で働きたいだろうか、それとも「すぐれた人のいる」組織で働きたいだろうか。

参加型マネジメントの基本を考えるときには、この質問が鍵となるだろう。

4

「愛着」について

人の能力《コンピテンス》の中心には、愛着《インティマシー》がある。愛着によって理解や信念が生まれ、仕事が充実したものになる。愛着は、あなたと仕事の関係を築く。

ある日、私の知り合いの青年が、行きつけのレストランへ昼食にいった。店はいつになく混んでいた。なんとかメニューはもらえたが、ウェイトレスが注文を聞きにくる前に休み時間が終わってしまった。青年は、レストランの将来のためにもオーナーにひとこと言っておいたほうがいいと思い、会計係に事情を穏やかに伝えて仕事に戻った。するとその夜、レストランのオーナーが、ふた晩分はあるディナーをたずさえて青年の家を訪ねてきたのだった。

このオーナーの態度が「愛着」だ。仕事に対するこうした愛着が、揺るぎない能力へとつながる。

工場の監督として現場で采配をふるうことと、講演会でそれについて語ることは、根本的に異なる。実戦と机上戦はちがう。もし機械や設備を実際に操作すれば、それらにみな個性があることに気づくだろう。みずから仕事に愛着があれば、誰かを訓練するときにも、スキルだけでなく「アート」〔訳注：技《わざ》、技術、芸術〕を教えなければならないことがわかる。「アート」はつねに作業者と機械双方の個性にかかわってくる。愛着とは、そのものをしっかり把握しているという感覚であり、みずから取り組んで苦労し、疑問を持ち、憤り、ときには危機を乗り切ってこそ生まれるものだ。

信念は愛着と結びついている。信念は、方針や基準や実務に先だって必要なものだ。信念をともなわない実務はわびしい。信念を持たず、手順や数値だけを把握しているマネジャーは、宦官《かんがん》の現代版だ。彼らは人の能力や自信を引き出すことができない。真の愛着を生み出せないからだ。

愛着は、仕事の進め方からこまかい技術的なことまで、大小さまざまな点で私たちにかかわってくる。したがって、共同作業の道しるべとなる組織構造を設計するときには、愛着について考慮しなければならない。愛着は、個人にとっても、仕事にとっても、組織にとっても重要だ。

愛着は、私たちが責任をもって仕事を遂行するかどうかにじかに影響を与え、働くうえでの誠意を生み出す。愛着のいちばん大切な要素は、情熱だ。

しかしながら、愛着は簡単にわくもの、特定の手順を踏めば抱けるものと考えてはならない。愛着はたやすく維持できるものでもない。愛着には「敵」がいる。集団活動における愛着の敵は、社内政治、短期的尺度、傲慢、上っ面だけの態度、集団ではなく個人の利益に関心が向いていることなどだ。

とりわけよくないのは上っ面だけの態度である。能力も教養もあり、エネルギッシュで、いかにも成功しそうな人がなぜ失敗するのかをよくよく考えてみると、上っ面だけの態度が原因であることが多い。そのような人は、責任をもって、真剣に仕事に取り組むことがないのだ。

また、リーダーが継続性や推進力に注目せず、それらを実現できないときにも愛着は失われる。もともとシンプルなことを複雑にとらえてしまうときにも。さらに、可能性ではなく障害をつくり出すリーダーも、人々から愛着を奪ってしまう。

ジャーナリストのチャールズ・クラルト〔訳注：CBSのニュース番組で活躍。一九九七年没〕の番組で、私は高校生のすぐれた体操選手を見て感激したことがある。その選手は下半身不随だが、非常に優秀で、熟練した動きを見るのが楽しかった。彼が言った次のことばは、深い意味で私たち一人ひとりに当てはまる。「ぼくが車椅子についていくんじゃないんです。車椅子がぼくについてくるんです」

仕事についても同じなのだ。私たちが会社についていくのではない。会社が私たちについてくる。会社のあり方を決めているのは人であり、人なしで会社の存在意義はない。会社は、そこで働く人々が望まぬ姿にはなりえない。こういう人と組織の関係にもとづいて仕事をとらえるとき、私たちの心には本物の愛着――仕事と組織の価値を高める愛着が生まれる。

愛着は、あいまいさを認め、それに慣れようとする態度から生まれる。私たちは、答えをすべて知ることではなく、疑問とともに生きることによって成長するのだ。

愛着はまた、個人と企業の価値観を日々の業務に反映させること、知識と知恵と正義を探し求めることから生まれる。とりわけ愛着は何かとの強い結びつきから生まれ、その愛着がさらに強い結びつきをつくり出す。愛着とは、人と仕事の理想的な関係を表すことばでもある。

チャールズ・イームズはよく「すぐれたもの《グッド・グッズ》」について楽しそうに話し、すぐれた素材、すぐれた解決策、すぐれた製品のことを語っていた。私はその話を聞いたおかげで、リーダーシップの「アート」における「すぐれたもの」とは、私たちが互いに築く貴い関係であることがわかった。職場で築くそうした関係のなかに「愛着」がなければならないのだ。

大ざっぱに言って、産業界にはふたつの関係がある。法律にもとづく契約関係とわかりやすいのは契約関係だろう。この関係によって、労働への報酬が約束される。しかし、いまやこの関係だけでは不充分だ。

働くうえで大切なことが三つある。すなわち、変化にどう対処するか、争いにどう対処するか、潜在能力をどう発揮させるかだが、法的な契約関係は、たいてい変化と争いに耐えられず、壊れてしまう。契約があるからといって、人の潜在能力が発揮されるわけではない。

ノーベル賞作家のアレクサンドル・ソルジェニーツィンが、ハーバード大学の一九七八年の卒業生を前にした演説で次のように述べた。

「法の文言のみにもとづき、そこから先に進もうとしない社会は、人の可能性を最大限に活かすことができない。法は冷たく形式的すぎて、社会に有益な影響を与えない。法的な関係しかない生活を続ければ、人はかならず精神的に貧しくなり、崇高な行動をとろうとしなくなる」

「心の関係」だ。

のちに彼はこうも言った。「この問題があるレベルに達すると、法的な思考によって人は無気力になる。そして、ものごとの重大性や意味がわからなくなる」

もうひとつの関係は「心の関係」だ。

「心の関係」は、無気力ではなく自由をもたらす。

「心の関係」は、みんながともに熱意をもってアイデアを出し、問題を解決し、価値観を築き、目標をめざし、経営プロセスにかかわることで生まれる。それは、愛、温もり、相性といったことばで語られるものだ。互いに心を開き、他人からの影響を受け入れる関係でもある。

「心の関係」は人の深いニーズを満たし、仕事を有意義で充実したものにし、結束と品位と安定をもたらす。さまざまな関係のなかでもとりわけ貴重なものだ。

「心の関係」によって、組織は一風変わった人物やアイデアを快く受け入れることができる。リスクに耐え、あやまちを許すことができる。

私は、今日の環境に適した最高のマネジメントは、「心の関係」にもとづく参加型マネジメントだと確信している。

「質の高い関係」という「すぐれたもの」を求めよう。あなたがまわりの人々に奉仕するにつれ、それは会社のなかに広まっていく。

愛着を生み、育てるにはどうすればいいか?

まずひとつの方法は、疑問を持って、その答えを探すことだ。この会社はどのような歴史を築いてきたか。どんな事業をおこなっているか。どのような人が働き、どのような関係を結んでいるか。変化や争いにどう対処しているか。そしておそらくもっとも重要な疑問として、将来のビジョンは何か。自分たちはどこへ向かっているのか。どんな会社になりたいのか。

リーダーは、それらについて考えなければならない。従業員に仕事への愛着を持ってもらいたいなら、リーダーシップの「アート」の面からも、実務の面からも、そういう疑問について考えることが必要だ。

ときおり私は「あなたのめざすハーマンミラーの目標は何ですか」と訊かれる。ジャズの愛好家が目標について訊かれれば、ルイ・アームストロングを思い浮かべる。野球が大好きな人なら、サンディ・コーファックスのことを考える。スタビル〔訳注：金属板の立体構成による抽象彫刻〕が好きな人は彫刻家のアレクサンダー・カルダーを、フランス印象派の影響を受けた画家はルノアールのことを考える。才能に恵まれ、修行や鍛錬を積んだ彼らは、みな特別な存在だ。それぞれの分野の精神の糧となってくれる。

私がめざすハーマンミラーの目標は、社内外から、一企業ではなく、「心の関係」を深めて仲よく働いている集団として見られ、「この人たちは精神の糧だ」と言ってもらうことだ。

5

投手と捕手

ポーランド政府はかつて「社会主義への信頼回復のために、肉の厳格な配給を開始する」と発表した。イラク政府はかつて「戦争前および戦争中」における自国の平和的姿勢を示すため、二〇カ国に外交使節を送った。

こうした明らかな矛盾は、自己の見解にしばられた近視眼的なものの見方から生じることが多い。たったひとつの視点でものごとを見るのは危険だ。

不幸なことに、生産性や効果という悩ましい課題も、これまでひとつの視点、すなわちマネジャーの視点からのみ考えられがちだった。しかしこの課題は、生産性や効果を期待される生産者の立場から見ることが必要だ。生産者側からこれを見たらどうなるか。その答えを出すには、仕事を新しい概念でとらえ直さなければならない。

カネや役得や複雑なモノのやりとりのなかに、生産性向上の鍵を見つけようとする人がいる。組織のメンバーに無理に一体感を押しつけたり、よくある派閥争いに熱中する人もいる。

しかし、仕事とは本来、生産的で、やりがいがあり、有意義で、人を成長させ、実り多く、充実し、癒され、楽しいものであるべきだ。仕事は私たちにとって、最大の恵みのひとつだ。詩的にさえなりうる。

これが仕事の新しいとらえ方だ。労働者の多くにとって、個人としての自分と、職場での自分とのあいだには腹立たしいほどのギャップがある。この感覚を消し去り、人生に一貫性を取り戻すのだ。

仕事について考えるとき、詩人や哲学者だったらどんなリーダーシップを発揮するだろう、と自問してみるのもひとつの方法だ。

ハーマンミラーで詩人や哲学者に相当する人の多くは、デザイナーだ。ジョージ・ネルソン、チャールズ・イームズ、ロバート・プロプスト、ビル・スタンフ……。こうした特別な人々は、さまざまな場面でハーマンミラーに大きな貢献をしてくれ、同時にすぐれた教師でもあった。

たとえば、ジョージ・ネルソンのおかげで、私は「創造性《クリエイティビティ》」ということばを、物理学者が発見のプロセスを語るときのように正確に使えるようになった。今日の企業において、クリエイティブなプロセスは、まさにその性質ゆえに実現しにくい。真にクリエイティブなことには「変化」がともなうが、発達した官僚機構や、組織や、大手企業で実現しにくいものがひとつあるとすれば、それは「変化」だからだ。

たいていの組織では、タイミングや方法はちがっても、誰もがふたつの役割を演じている。ひとつは創造者《クリエイター》、もうひとつは実行者《インプリメンター》だ。

この主要な両者の関係は過小評価されることが多く、注目されたとしても、よく「上司」と「部下」というまちがった図式に当てはめられる。ここでヒエラルキーを持ち出してはいけない。多くの場合、実行も創造と同じくらいクリエイティブでなければならないからだ。

マネジャーやリーダーはものごとを「他人の強みにまかせる」ことができなければならないが、創造性に関しては、なかなか他人にまかせることができないようだ。

私の妻の弟にジム・カートという野球選手がいる。二五年間、メジャーリーグで活躍した投手だ。六〇年代なかばのワールドシリーズでは、かの有名なサンディ・コーファックスと投げ合うという忘れがたい機会に恵まれた。

そのジムに、コーファックスのどこが偉大なのかと尋ねると、桁はずれの才能を持っているうえに、つねに怠りなく練習しているところだと答えた。「実際、メジャーリーグの投手でブーンと鳴る速球を投げるのはコーファックスだけでしたよ。相手チームの打者は、ダグアウトでいつものように騒ぎもせず、静かに坐ってその速球の音に耳を傾ける。で、打順がまわってくるころには、すでに怖気づいてるんです」

そこで私はジムに、コーファックスの相手チームにとっていい対策があったのに、と言った。「私をコーファックスの捕手にすればよかったんだよ。そうすれば、きっとたやすく問題を解決できたはずだ」

すぐれた投手にはすぐれた捕手が必要だ。もし捕手が素人だったら、コーファックスも球速を落とさざるをえず、最強の武器を奪われることになっただろう。

野球においてもビジネスにおいても、チームのニーズがもっともよく満たされるのは、個人のニーズが満たされるときだ。共通のビジョンを抱き、ともに追求することによって、生産性や効果の問題を解決することができる。と同時に「仕事」というもののとらえ方を、根本から変えられるかもしれない。

仕事とは何かという問題は、投手と捕手の関係に照らして考えるとわかりやすい。次に示す八つの権利は、投手と捕手のどちらにもある。仕事を新たな概念としてとらえる際に、これらの権利は不可欠だ。もちろん完璧なリストではないが、どれも欠かせない。

①組織にとって必要と見なされる権利

長い目で見れば、個人の才能を活かすことが、もっとも効果的に組織のニーズを満たすことにつながる。

私の息子のチャックは小学生のころ、歳のわりに体が大きく、トロンボーンを運ぶことができたので、ブラスバンドの指揮者からこの楽器を担当するよう言われた。バンドとしてはもっともなニーズだ。しかし、残念ながら、チャックはトロンボーンを吹きたいとはまったく思っていなかった。まもなくその楽器を投げ出し、バンドはトロンボーン奏者を失うことになった。

「必要と見なされる」場合でも、その人が組織の目標に主体的にかかわらなければ意味がない。

②組織から関与を求められる権利

人を仕事に関与させるには、なんらかの仕組みが必要だ。それは、メンバーの一人ひとりが問題に直接取り組み、リスクと責任を負う仕組みでなければならない。これには少なくとも次の三つの要素がある。理論はシンプルだが、実践するのはむずかしい。

●インプット……リーダーはメンバー全員が仕事に関与できるように働きかけなければならない。
●レスポンス……リーダーは本物の関与を実現しなければならない。参加させ、アイデアを出させておきながら、評価、意思決定、実践の段階で締め出すのは最悪だ。
●アクション……顧客のために、自分たちのやりとりを製品やサービスに反映させなければならない。

関与の問題を軽々しく考えてはならない。広く社員を関与させるためには、ときに大きな決断が必要になる。すなわち、リーダーが思いきって他人に仕事をまかせるという決断だ。

③「心の関係」をつくる権利

「心の関係」について考えるとき、私はつねに「契約関係」と対比して考える。組織のなかにはどちらの関係も存在する。どちらも約束事だ。

契約関係は、書面にしろ暗黙の了解にしろ、ビジネス上ごく当たり前に存在する。通常それは双方が義務を負う法的な関係だ。

一方「心の関係」は、より精神的なニーズを満たし、仕事を有意義で充実したものにする。この関係があれば、争いや変化にもうまく対処できるようになる。前章で述べたとおりだ。

しかし、真の「心の関係」にはリスクがともなう。リーダーは他人の才能とスキルにすべてをまかせなければならず、弱い立場となるからだ。これは恋に落ちるリスクと同じだ。疑問に思うなら、身近にいる詩人や哲学者に訊いてみるといい。

④「理解する」権利

組織人たる私たちはみな使命を理解したい。組織の戦略とめざす方向を理解することは、メンバー全員の権利だ。

私たちはみな、自分のキャリアの将来を理解したい。みな組織のなかにあるさまざまなチャンスを知り、それをどう活かせるかを知りたい。と同時に、勉強や新しい経験を通して自分の能力も高めたい。

私たちは競争相手を理解したい。ハーマンミラーでは、社員のすぐれた業績をたたえ、毎年さまざまな賞を与えている。数年前の受賞者のなかに、個性的な設備や備品のデザインと制作にすぐれたスキルを発揮した男性がいた。彼は賞金の一部を旅費にあて、当社の営業所をいくつも訪ねながら、設備を見てまわることにした。ついでに、さまざまな競合他社も訪問した。その体験によって、競争相手の質と追い上げぶりをもっと前に知っておけばよかったと感じたようだ。そうすればもっと成果をあげられたのにと。

私たちは職場環境（人的環境と物理的環境の両方）を理解し、そこに溶けこみたい。職場環境には目に見える秩序が必要で、その場にふさしい雰囲気がなければならない。

それによって、自分が何者なのか、自分にぴったりの場所はどこかを知ることができる。環境は人間的なものであるべきだ。美しくなければならない。

また私たちは、契約内容も理解したい。報酬、労働条件、各種手当、報奨制度、期待事項、一般的な制約事項といったことだ。

これらの理解を深めるには、リーダーが従業員一人ひとりの責任を明確にしなければならない。そのためにも、リーダーはコミュニケーションをとり、従業員を教育し、評価しなければならない。

⑤自分の運命にかかわる権利

組織で働くメンバーの尊厳にとってとりわけ重要なのは、自分の将来を左右する場にかかわれるかどうかだ。勤務評定、昇進、異動のプロセスには、かならず本人を参加させること。

⑥責任をもって仕事を遂行する権利

責任をもって仕事を遂行するには、組織の目標に貢献する機会がなければならない。組織の課題とリスクを共有する機会も必要だ。また、貢献度を評価する際には、みんなが納得する評価基準と、大人同士の話し合いが求められる。

責任ある職務遂行の核心は、ひとことで言えば「気遣い」だ。しかし悲しいことに、多くの業界で「気遣い」はほとんど見られなくなった。

⑦抗議をする権利

組織には、誰もが萎縮せずに抗議できる道が必要だ。これまで述べた個人の権利を脅かしかねない独裁的なリーダーシップを、完全に封じるためだ。リーダーのきわめて重要な責務は、部下にこれらの権利を与えるために真剣に努力することだ。

⑧熱意を注ぐ権利

熱意を注ぐ権利とは何か。最近、ボストンのある企業が別の大企業に買収されたあと、さらに大手の企業に買収されてしまった。この変化で日々の会社生活にどのような影響があったかと、社員のひとりに尋ねると、彼はこう答えた。「ひとつの仕事に打ちこめなくなりましたね。以前のように熱意を注げなくなった。もう自分が何者なのかすらわかりません」

「ここは自分がベストを尽くせる組織か」という問いに「イエス」と答えられなければ、仕事に熱意は注げない。「上司に仕事の邪魔をされている」と感じている部下が熱意を注ぐわけがない。しかし実際には、思慮の足りないリーダーが部下にいくつもの障害を与えている。

従業員が仕事に熱意を注げないおもな原因は、部下から見てリーダーシップに合理性が欠けているからだ。合理的であることは、リーダーシップの主要な責任のひとつである。

以上、仕事に関する私の基本ルールをいくつかあげてみた。

誰かの速球を受け止めるにはミットが必要だが、仕事にともなう権利は、いわばミットのようなものだ。ミットがなければ、コーファックスの偉大な女房役だったジョニー・ローズボロほどの捕手でさえ、ボールを捕りそこねるだろう。

6

遊軍リーダーを活かせ

四月の復活祭日《イースター・サンデー》の朝、その大教会は人でいっぱいだった。いましも聖歌隊の歌が始まるところ、牧師三人、大人の聖歌隊、ふた組の児童聖歌隊が教会後方に控え、何週間も前から計画し、こなしてきた練習の成果を見せようとしていた。

それは、オルガン奏者が最初の和音を弾いたときだった。会衆席の中央にいた中年男性がひどく汗をかきはじめ、真っ青になって席から腰を浮かせると、息を詰まらせて隣の娘のほうへ倒れた。

牧師やオルガン奏者や聖歌隊は何をしたか。何もしなかった。

しかし三秒もたたないうちに、かつて救急救命士として働いていた若者が、倒れた男性のそばに駆け寄った。そしてすぐに手際よく病人の気道を確保し、呼吸を再開させた。数分後に病人の容態が落ち着くと、若者の指示にしたがって、男性六名が慎重に病人を抱え、すみやかに教会後方へ運んだ。そこで病人は床に寝かされ、救急車の到着を待った。救急車は誰かがすぐに呼んでおいたため、すでに教会へ向かう途中だった。

待機していた児童聖歌隊のそばの床に病人が寝かされると、ふたりの子どもが失神した。すぐに会衆のなかにいた医師ふたりが駆けつけた。ひとりは病人を介抱していたさっきの若者を手伝い、もうひとりはただちに倒れた子どもの世話をした。

そこでまた別の男性が、病人を取り囲む人々のなかへ首を突っこんで「酸素は必要ですか」と訊いた。医師が「はい」と答えると、男性はすぐに酸素入りのボトルを手渡した。必要かもしれないと考えて、見つけ出しておいたのだ。

こうして手当てが進められているあいだに、病人の妻が(聖歌隊にいて何が起きたのかを知らず、礼拝の開始が一時的に遅れていると思っていた)そっと事態を伝えられ、夫のもとへ連れてこられた。ほかの人々が児童聖歌隊をなだめ、だいじょうぶだからと安心させ、礼拝に向けて心の準備をさせた。やがて救急車が到着し、救命士が病人を救急車へ運び入れて病院へ搬送した。

ご想像のとおり、そこでようやく穏やかで感動的な礼拝が始まった。礼拝の最後に牧師から、男性が倒れたのは深刻なアレルギー症状によるもので、容態は安定しており、もう心配ないという発表があった。

この話を紹介したのには理由がある。その教会には、指名された聖職者、選出された委員会や理事会のメンバーなど、三〇名以上からなるヒエラルキーがあったが、この組織が迅速で毅然とした対応をとれなかったという事実を示したかったのだ。

ヒエラルキーの上位にいる者にとって、下位にいる者が慣例を破ってリーダーになることを認めるのはむずかしい。この出来事で、実際に迅速かつ有効な対応をした人々が「遊軍リーダー」だ。

遊軍リーダーとは、日常生活のなかで必要とされるときにその場にいる、欠くことのできない人々のことだ。彼らは日々多くの組織で、程度こそさまざまだが、主導権を握っている。

遊軍リーダーは、参加型マネジメントの日常業務でイニシアティブをとるだけでなく、その主要な要素となる。ここで「参加」とは、仕事のなかで意見を言ったり、組織のリソース管理に影響を与えたりすると同時に、それらに責任を負うことをいう。その基礎には、個人それぞれの能力と、問題をわがものとして引き受ける姿勢がある。たったひとりの人間が、すべての専門家になることはできないのだ。

多くの組織には二種類のリーダーがいる。すなわち、ヒエラルキー上のリーダーと、遊軍リーダーだ。特別な状況においては、ヒエラルキー上のリーダーが遊軍リーダーを認め、サポートし、その指示にしたがわなければならない。また、潔く遊軍リーダーに主導権を譲らなければならない。

他人に主導権を譲るのは容易ではない。これを可能にするには、組織にとって何がベストか、特定の問題に対処するいちばんの方法は何かを理解する、特別な寛容さと能力が求められる。遊軍リーダーシップは「問題」に焦点を当てた考え方だ。遊軍リーダーシップが発揮されるということは、ヒエラルキー上のリーダーに、問題を共有する能力（言い換えれば、他人にある状況をゆだねることができる能力）があるということにほかならない。

ちなみに、遊軍リーダーシップが発揮されるためには、ヒエラルキー上のリーダーであろうが、遊軍リーダーであろうが、よき部下であろうが、私たち一人ひとりに求められることがある。遊軍リーダーシップで要求されることは多い。そのために、私たちは互いに能力を高め合わなければならない。

第一に、深い信頼と、自分たちは依存し合っているという自覚が求められる。リーダーシップは気軽にやりとりできるものではない。共有はできるが、簡単に人に譲ってしまえるものではない。その意味で、私たちは他人の特別な能力に頼ることを学ばなければならない。

ともに働く人々、自分が頼りにしている人々のことを考えてみてほしい。その誰が欠けても、集団としてあまり成功できないことがわかるはずだ。自分だけではどうしても限界に突きあたる。協力し合うことで、すばらしい集団になれるのだ。

第二に、遊軍リーダーシップにおいては規律が求められる。

興味深いことに、かなりの自由が認められるハーマンミラーのような組織でも、わがままは許されない。仕事の遂行には規律が欠かせないのだ。

重要なのは、ある目標を達成するかではない。目標を達成することだけが人生ではないからだ。私たちは、個人としても集団としても、潜在能力をフルに発揮する必要がある。これがいちばん大切なのだ。つねにその努力を怠ってはならない。

健全な心、開かれた態度、高い能力、経験に対する信頼——これらが仕事に活力を与え、人生に意味をもたらし、遊軍リーダーシップを可能にする。

そして遊軍リーダーシップは、私たちが自由かつ率直な態度で協力し合うとき、潜在能力をフルに発揮するための手段となる。

7

資本主義の未来のために

いったい誰が自費で戦争に行きますか。ぶどう畑をつくって、その実を食べない者がいますか。羊の群れを飼って、その乳を飲まない者がいますか。……モーセの律法に「脱穀している牛に口籠《くっこ》をはめてはならない」と書いてあります。神が心にかけておられるのは、牛のことですか。（新約聖書『コリントの信徒への手紙一』第九章第七〜九節）

資本主義システムと、その未来を理解するにあたって、何を念頭に置くべきだろうか。まずは「人」の概念だ。

第一に、私はクリスチャンとして、人それぞれが神の姿に似せてつくられたと信じている。部下からリーダーシップという贈り物をもらった者にとって、そう信じることには大きな意味がある。

第二に、神は人に多種多様な才能を与えた。その才能の多様性を理解することで、私たちは相互信頼という重要な一歩を踏み出すことができる。企業生活のなかで多様性を認めるというシンプルな行為によって、そこで働く人々のさまざまな才能を正しく評価し、組み合わせることができる。

第三に、理由はどうあれ、神はさまざまな人種や個性をつくった。リーダーは責任をもってこの多様性を活用しなければならない。

資本主義システムにおけるこうした「人」の概念は、クリスチャンか否かにかかわらず、誰にとっても重要な意味を持つ。私たちが互いに結ぶ関係の質にかかわってくるからだ。資本主義システムの中心にあるのは「関係」だ。契約関係と、より奥深く人の可能性を広げる「心の関係」との二種類の関係については先述したとおりだ。

二百年の歴史を持つ資本主義の最大の問題点は、それが多分に排他的なシステムであったことだ。もともと契約関係をもとに築かれたシステムである資本主義は、そのプロセスと、本来公平であるべき成果の分配から、あまりにも多くの人を締め出してきた。問題は金銭的な報酬にとどまらない。ほとんどの人が、システムの運営に有意義に参加するチャンスを与えられていないのだ。

私はほかによりよい制度を知っているわけではない。ただ、人々を「参加させる」という観点から考えれば、資本主義システムを実務面でも理論面でも改善することができると思う。最終的に成果も向上するかもしれないが、私の提案のおもな目的はそれではない。「人」の概念を具体化することが目的なのだ。

人に関するしっかりとした概念を持ったうえで、人々を参加させる。人はみな集団に何かを提供できるという考えを前提として、できるだけ多くの人をかかわらせるべきだ。人に本来ある多様性という価値を信じるなら、進むべき唯一の道は、人々を参加させることだ。

資本主義システムは、排他的な仕組みのままでは生き残れないのではないだろうか。いまの社会構造のなかで、私たちはとりわけ広告業者にあおりたてられ、限定品らしきものならなんでも欲しがるように仕向けられている。この裏には、自分だけのためにものが欲しいという考えがひそんでいる。

しっかりしよう！　落ち着いて考えれば、こうした態度は利己主義の現れにすぎない。排他主義は利己主義を生む。

神は人をみずからの姿に似せてつくったが、その際ほかの条件はつけなかった。だから私たちは、人が多様であることの正しさ、互いに依存していることのすばらしさを認める。排他性を拒否し、包括性を望む。

資本主義を参加型のプロセスに変えるには、どこから始めればいいか？　方法はいくつもあるが、まず何よりキリスト教的「人」の概念、人道主義的「人」の概念の両方を認めることだ。

私たちはみな必要とされている。みな組織で活かせる才能を持っている。みな社会的存在であり、社会的単位である組織に参加している。みな貢献したいという強い願望を持っている。

参加型のシステムにおいては、全員「当事者」になることが求められる。私たちは互いに依存していて、単独では決して生産的になれない。依存し合っているから、充分なコミュニケーションをとる必要がある。充分なコミュニケーションと、排他的プロセスは相容れない。

参加型のアプローチは、次の三つの方向から定義することができる。

第一に、参加している人々にはつねに次のような特徴がある。

●組織のなかで必要とされている。
●当事者である。
●個人として尊重されている。
●公正な賃金と各種手当を与えられている。
●ベストを尽くすチャンスがある（リスクを恐れないリーダーだけが、このチャンスを与えることができる）。

●組織の使命、自分のキャリアの将来、競争相手のことなどを理解するチャンスがある。
●生産性の向上、成果の配分、持ち株の価格上昇、勤続年数による特別手当といった利益にあずかっている。

第二に、参加型のアプローチとして私が思い浮かべるのは、潜在能力が活かされる「場」としての企業やビジネスだ。

潜在能力が活かされている「場」では、リーダーが部下に「贈り物」を与えている。リーダーシップとは、部下に借りをつくっている状態であり、その借りを「贈り物」で返さなければならないのだ。

人々を参加させようとするリーダーは、少なくとも次のものを部下に与えようとする。

●自己実現を可能にする「場」
●組織や顧客に奉仕するチャンス
●むずかしい課題（人は試練がなければ成長しない。「事実」と同じく、「制限」も人の可能性を広げてくれる）
●意味（蛇足ではなく価値があり、表層的ではなく重要で、使い捨てではなく永続的な意味）

ここで、リーダーシップと参加に関するふたつの見解を紹介しよう。私がどちらを支持するかは明らかだろう。

米国経営者協会が主催した社長のための会議で、あるゲスト・スピーカーが大まじめにこう言った。「私が求める部下は、意地が悪く、貪欲で、権勢欲の強い人間です」。彼はまた、独特の黄金律《ゴールデン・ルール》も語った。「金《ゴールド》を握る者がルールを決めるのです」

一方、少し前に私が出席した取締役会で、当時ウィスコンシン大学で教鞭をとっていた工業デザイナーのビル・スタンフは次のような質問を投げかけた。

「企業が生活を脅かすことは許されるか」

「企業で芸術家の果たす役割はあるか」

「期待は業績にどんな影響を及ぼすか」

「企業の存在を正当化するものは何か」


参加型のアプローチの第三の定義を述べよう。参加型の資本主義は、参加メンバー全員からなんらかの協力を求める。人々は参加の要求に積極的に応じなければならない。もちろん、組織に加わることの代償は発生する。そのうえで、次のようなことが実現されなければならない。

●誠実さは成功より重要である。世間から見て成功していても、自分の信念に対して不誠実ならば、参加の努力が実を結んだとは言えない。

●企業が人を救うという目的を持つことは可能だし、そうすべきだ。そのためには、実利的なことがらを倫理面から見直さなければならない。目標の達成より、潜在能力をフルに発揮することのほうが重要であるのを理解しなければならない。

●メンバーは互いに弱みを見せ合わなければならない。潜在能力を発揮するチャンスを与え合わなければならない。

●組織にとどまりつづけるには、リスクを恐れない心構えがいる。リスクは変化に似ていて、選べるものではない。

●組織にとどまりつづけるには、愛着が必要だ。「当事者」になることは、スポーツ観戦とはちがう。みずからチームに価値をもたらさなければならない。一人ひとりが責任をもって、任務を完全に果たさなければならない。逆に言えば、上っ面だけの態度を示さないことだ。

●最後に、私たちはともに学ぶ必要がある。たいていの人は生涯をつうじてこつこつと成長する。成熟をめざし、心を開き、感受性を豊かにする努力を続けなければばならない。

メンバーがこれらの要求を満たし、代償を払うとき、組織に求められて参加する「チャンス」はその人の「権利」へと変わる。

この権利を維持する方法はひとつしかない――建設的、知的、協調的、生産的にそれを行使することだ。人々を参加させるということは、彼らの理解を助けることにほかならない。

つまり、他人にベストを尽くすチャンスを与えることだ。組織において正義と公平性を保ちたいなら、人々の多様な才能にもとづいて参加をうながすことが重要になる。

さて、先述した「人」の概念や「心の関係」という考え方を受け入れ、人々を参加させるアプローチをとれば、資本主義システムはうまく機能するだろうか。なにしろこのシステムでは、ある水準の業績を達成し、指標を維持し、サービスを提供し、利益を生み出し、将来を保証し、雇用を確保しなければならないのだ。改善がたやすくないのは想像がつく。

心強い兆候はいくつもあるし、おそらくいい結果も出はじめているが、かなりの難題もある。まず、このアプローチによるマネジメントは容易ではない。たいへんな努力を強いられるため、ときにやる気をなくすこともあるだろう。それはつまり、私たちが人間だからだ。参加をうながすということは、一般の人々の抱える問題をシステム内に取りこむことにほかならない。

たしかに訓練を積んだいまのマネジャーは、どんどん高度な知識を身につけている。資本主義システムを支えているのは彼らで、ことに数字を扱うスキルはすばらしい。しかし、そういうマネジャーはどれほど頻繁に「精神」に注目しているだろう。私はそう思うことがある。今日の業務上の問題だけでなく、明日重要になりそうな問題について考えているのだろうか、と。

型どおりに人々を委員会やビジネス・ランチに参加させたり、利益を分け与えたりすることは、必要だし望ましいことではあるが、契約書を作成するのと同じくらいたやすい。

これよりむずかしいがはるかに重要なのは、企業全体で「人」の概念を受け入れ、人の才能の多様性を認め、「心の関係」を築き、コミュニケーションを充分とり、全員を参加させようと熱意を注ぐこと、またリーダーシップとは部下に借りをつくっている状態だと認識することだ。

ただし、熱意を注いだとしても、資本主義システムの扉を開こうとする私たちの努力が、あるイスラエル人のことばどおりになってしまう危険性はある。そうならないように祈るしかない。ナショナル・ジオグラフィック誌で、その年配のイスラエル人女性は、若いシオン主義者たちについてこう述べていた。

「彼らは世界への扉を開きましたが、天国への扉を永遠に閉ざしてしまったのです」

8

これが「偉人」だ

偉人《ジャイアント》とは何か？　偉人といってもさまざまだ。あなたや私も偉人になれるかもしれない。

ほかの人がトラブルを発見するところに、偉人はチャンスを見出す。

ジム・エッピンガーは、ハーマンミラーの社史に残る偉人のひとりだ。三〇年代と四〇年代（わが社が伝統型の良質な家具づくりから、ローディ、ネルソン、イームズによる画期的で新しいデザイン製品の売り方を学びつつあった時期）にセールス・マネジャーだった。当時はたいへんな時期だった。いま、あのころの苦労を理解している者はほとんどいない。

私と父とジム・エッピンガーが昼食をとっていたときのことだった。ともに努力して大恐慌を乗りきった盟友である父とジムは、ユーモアと懐旧の情を交えながら、創業まもない時代の困難な出来事のことを語り合っていた。

父はジムに、ある年のクリスマス、ニュージャージーのジムの家でいっしょにすごしたときのことを語った。ジムの家にクリスマスツリーもプレゼントもなかったことを、社長としてどれほど恥じ入ったか、と。会社に充分な資金がなく、父は支払い期限がすぎてもジムに販売の報酬を支払えなかったのだ。

憶えていないかもしれないが、あれはとても身につまされる出来事だったよ、と父は言った。ジムの家族にクリスマスが来ないのは自分のせいだと感じたのだ。

ところがジムはこう言った。「あの晩は昨日のことのように憶えていますよ。マライアと私にとって人生のハイライトでしたから」

父は驚いて「どうしてそうなるんだ」と尋ねた。ジムはこう答えた。「憶えていませんか？　あれはあなたが私をニューヨーク地区担当にしてくれた夜です。私の一生で最大のチャンスでした」

偉人はまわりの人々に「場」という贈り物を与える。

これは個人、組織の双方にとって自己実現ができる場のことだ。

私の好きな偉人のひとりに、ジョージ・ネルソンがいる。一九四〇年代後半に、ハーマンミラーはジョージのすばらしい家庭用家具（いまも販売している製品だ）を紹介した。だがジョージのデザインした家具を売り出す準備を進めていたとき、もうひとりの偉人がニューヨーク近代美術館の展覧会に登場した――それがチャールズ・イームズだった。

ジョージは、チャールズに手紙を書くべきだ、彼のデザインをハーマンミラーの製品企画に加えるべきだと、父とジム・エッピンガーに懸命に訴えた。

父はジョージに言った。

「わが社はいま、きみの初めての製品を市場に出そうとしている。うちは大企業ではない。支払えるデザイン料はたかが知れている。きみは本当にこのささやかなチャンスをほかのデザイナーと分け合いたいのかね？」

ジョージの答えはこうだった。

「チャールズ・イームズにはたぐいまれな才能があります。私とはぜんぜんちがう。

ハーマンミラーにはふたりとも必要です。今後どんな可能性があるにしろ、チャールズ・イームズとぜひいっしょにやっていきたい」

その後数年で、チャールズ・イームズは、チッペンデール以来の偉大なデザイナーとして認められた。

偉人は速球を受け止める。

ハーマンミラーの偉人のひとりに、ペップ・ネイジェルカークという人物がいる。私の知るなかで、おそらくもっとも才能ある模型製作者だ。

ペップはアイデアやスケッチを試作品にする特別な才能に恵まれていて、ハーマンミラーのデザイナーのために三五年間働いてきた。わが社のどの製品企画にも欠かせない存在だ。彼は速球を受け止める捕手なのだ。

投手は速球を投げるだけでいいが、チームにとってはまだ足りない。企業も人も、いいアイデアを好きなペースで投げることができる。しかし、ペップのような捕手がいなければ、そうしたアイデアはいずれ消えてしまう。ハーマンミラーには、ペップのような偉大な捕手が何百人といる。偉大な捕手がいなければ、偉大な投手は存在しえない。

偉人は特別な才能に恵まれている。

わが社のもうひとりの偉人は、ハワード・レッダーだ。ある部門の監督だったが、しばらく前に退職した。ハワードは高校にかよったことがない。社会人になってずっと工場で働きつづけ、苦労して昇進し、わが社屈指のすぐれた部門監督となった。しかし何よりも、彼は特別な才能に恵まれていた。

ハワードには、わが社の障害者従業員の可能性をきわめて丁寧かつ効果的に伸ばす才能があった。一企業として、市民の多様性が従業員にも反映されなければならないと信じているわが社にとって、これは重要な才能だ。障害者に「場」と支援と励ましを与えて、彼らの生産性を高め、会社にいることのすばらしさをほかのみんなと同じように感じてもらえる。ハワードのそんな特別な才能が、またちがうタイプの偉人を生むことになった。

偉人は人々に潜在能力を発揮させる。

最後に紹介したい偉人は、私の父だ。

大恐慌時代、わが社がその日その日を生き延びられるように、父は何人かの従業員と奮闘していたが、そんなときにも、ギルバート・ローディや、のちにジョージ・ネルソン、チャールズ・イームズ、アレクサンダー・ジラルドといったデザイナーを迎え入れることができた。しかも、父自身、デザインのことやデザイナーについて事実上何も知らなかった時期にだ。

父は彼らの才能の多様性を理解するすばらしい洞察力を持っていた。個人としても、会社としても、彼らの強みにすべてをまかせ、ハーマンミラーで才能を活かしてもらうことができた。

以上の偉人にまつわる話には、企業のためになる教訓が少なくともふたつある。

第一に、生産性も重要だが、偉人たちに「場」を与えることのほうがはるかに重要だ。

第二に、偉人たちに「場」を与えることで、彼らやほかの人々が「遊軍リーダーシップ」を発揮できる。

このふたつの教訓は、ヒエラルキー的リーダーにとってはつらいものかもしれない。しかし、真に効率的な企業をめざすなら、それがあらゆるレベルで偉人たちに開かれたものとなるよう働きかけなければならない。

9

「語り部」の役割

ハーマンミラーのよき友であり、よき助言者でもあるカール・フロスト博士が、六〇年代後半のナイジェリアでの体験についてこう語っている。

博士と彼の家族が住んでいた村に電気が引かれた。各家庭の小屋にひとつずつ明かりがついた。まぎれもない進歩のあかしだ。ところが困ったことに、このすばらしい技術の象徴を崇めるために、夜はどの家族も家から出なくなってしまった。読むものもなく、文字も読めない人が多かったにもかかわらずだ。

電球を眺めてすごすようになったので、いつも焚き火のそばで開かれていた夜の集会から、人々の足が遠のいていった。集会は、語り部である古老たちが部族の歴史を語り継いできた場所だった。

こうしてその部族は、電球の光のせいで自分たちの歴史を失っていった。

この話は、科学的なマネジメントと部族的なリーダーシップとのちがいをはっきり示している。どの家庭にも、どの大学や企業や組織にも、部族的な語り部が必要だ。

語り部の話を聞きそびれた者には、自分たちの歴史、その背景、人々を束ねる価値観を失うという報いが待っている。このナイジェリアの部族のように、連綿と続く習慣を失えば、どんな集団も自分たちが何者であるのかを忘れはじめる。

ハーマンミラーが築いてきた価値観は、この「連続性」を実現した一例だ。

ハーマンミラーは、ともに働き、ときに闘いながら、ちがいをもたらしてきた人々の集団だ。だからこそ、リーディング・カンパニーでありえた。わが社の一連の価値観は、会社の歴史と習慣から生まれた。この価値観を見れば、いま活力のある会社が部族的な語り部を通して従業員に何を伝えてきたかが、具体的にわかるだろう。

次に紹介するわが社の価値観のいくつかは、あなたとあなたの会社にも共通するかもしれない。

ハーマンミラーは、研究主導型のメーカーである。

市場主導型ではない。つまり、会社の環境、業務、問題を誠実に検討し、問題を解決するようなデザインと製品開発をおこなうことによって、顧客の潜在的なニーズを満たそうとする。だから、製品やシステムのすぐれたデザインに熱意を注いでいる。

私たちは、そのすぐれたデザインを、自分たちの職場環境にも（とりわけ従業員と顧客に役立つ社屋や施設に）広く適用しようと努力している。同じ水準のデザインを、コミュニケーションや製図すべてにも適用したい。「状況」のデザイン、とくに人間関係に影響を与える状況の処理方法や、イベントのデザインにも。

ハーマンミラーは、社会に貢献したいと考えている。

私たちは製品やサービス、またそれらの提供方法を通して、社会に貢献したいと考えている。いまのハイテク時代において「触れ合いの多《ハイタッチ》い」会社、すなわち、市場で人と技術を豊かに結びつける会社でありたい。社会的責任を担い、社会に対して敏感な会社でありたいと願っている。

ハーマンミラーで私のチームにいる友人のトム・プラットがこう言った。「人生と仕事はどちらも本来有意義なものだ。だから、どちらも理解ある目で見て、サポートする価値がある」

ハーマンミラーは、品質に力を注いでいる。

父のD・Jのことばを借りるなら、品質は「真実」にかかわる問題だ。品質というとき、私たちは製品とサービスの質をさしている。しかし同時に、人間関係の質、コミュニケーションの質、互いに結ぶ約束の質のことも考えている。したがって、品質を真実や誠実さの観点から考えることは正しい。辞書で誠実さ《インテグリティ》の定義を見ると、名誉《オナー》の項も参照するようにと書いてある。そして名誉の数ある定義のひとつに「義務をはっきりと認識すること」という表現がある。私は品質もこのように考えるべきものだと思う。

ハーマンミラーは、関係者すべてにとって潜在能力を発揮できる場所でなければな

らない。

これもわが社の価値観のひとつだ。あらゆる組織は、そのメンバーに一流の教育と訓練を提供しなければならない。ハーマンミラーでは、参加型のプロセスのなかで誰もが本物のチャンスを手にする権利を持っている。

社員一人ひとりが（リーダーはとくに）努力して、ほかの人に「場」という贈り物を与えなければならない。企業環境のなかで自己実現ができる「場」を。

「場」という贈り物をもらうこの権利は、肌の色、信条、性別、才能や身体機能のレベルにかかわらず、誰もが有している。ハーマンミラーの目標は、みんなが潜在能力を発揮できる場をつくり出すことだ。そのために、人類の多様性をそのまま反映するように人を雇っている。

私たちは、資本主義を障害だらけの排他的なシステムではなく、人間関係を重んじる参加型のシステムにするために、率先して活動している。

ハーマンミラーは、環境と限りある資源を責任をもって使うことに熱意を注いでいる。

私たちは、才能と資源、アイデアとデザイン、施設と状況を管理することによって、すぐれた業績をあげようと努力している。これらすべてによって、従業員株主、顧客、投資家、一般社会、そして私たちが暮らし働いている地域社会の人々に、正当な利益がもたらされる。

ハーマンミラーは、公益をめざす機関や組織に進んで活力と人材と資金を捧げる。

私たちは社会のニーズとまったく無関係に生きていくことはできない。

ハーマンミラーにとって、将来のために経済力を保つことは重要だ。

呼吸と同じく、利益は欠かせない。もちろん利益だけが人生の目的ではないが、チャンスというもののあり方を考えるなら、個人が貢献した結果は利益でなければならない。

ハーマンミラーでは、私たち一人ひとりにとって心と精神が大切であることが認識されている。

心と精神は、家庭においても、仕事やその他の活動においても大切だ。私たちは感情の生き物であり、製品、知識、情報、人間関係をつうじて、個人のためにも、環境改善のためにも、よい影響を与え合おうとしている。

複雑で住みにくい世界のなかで、私たちは失敗や成功に悩み、私生活で喜びや悲しみを味わいながら、互いに触れ合っている。この「触れ合い《タッチング》」が人間存在の核だ。

今日、私たちは心の底で挑戦しがいのある課題を待ち望んでいる。これは外部の問題ではない。自分はどうなれるかという、心のなかの問題だ。表に出てくるものが何であろうと、そこには従業員の人間性が現れている。そして、従業員はわが社そのものである。

ハーマンミラーは、スキャンロン・プランに真剣に取り組んでいる。

スキャンロン・プランは、参加型マネジメントを実現する、生産性向上を考慮した成果配分方式で、アメリカではかなりの数の企業で実施されている。この参加型マネジメントの一方式がとりわけわが社で成功しているのには、単純だがすばらしい理由がある。

スキャンロン・プランによって、従業員は創造性と創造プロセスを重視しながら、多様な才能を発揮することができる。この方式を原動力としてアイデアを生み、問題を解決し、変化と争いに対処することができる。ハーマンミラーはスキャンロン・プランを三五年以上実施してきたが、これはただの方式とはいえ、とてつもないエネルギーを持っている。実施することによって、人や組織の潜在能力を引き出すものをつねに探し求めることになるのだ。

ハーマンミラーのような集団には、個人としての多様性と、企業としての多様性がある。企業としての多様性とは、各個人が集団に役立てるために持ち寄る才能、能力、熱意のことだ。その多様性を正しい方向に導き、うまくまとめれば、集団の最大の強みとなる。

しかしながら、自分の才能を集団の最大の利益に捧げず、自分自身の利益のために使いたくなることはよくある。もし人々が才能を自己本位に使えば、集団はひどく弱体化する。

多様性をまとめるプロセスとは、思いきって他人の強みに頼ることである。何かについて自分よりすぐれた人がいれば、その人に対して自分の弱みを認めればいい。

人が平等であるという概念は、会社のヒエラルキーに影響されない。ハーマンミラーでは、従業員各人が発揮する個性こそが会社の実体であると考えている。一人ひとりの魂と精神、才能、心と品格が組み合わさり、わが社の特性になる。

ハーマンミラーに人生を投資している私たちは、会社の歯車でもなければ、遠くの誰とも知れぬ株主に雇われた者でもない。教授陣が大学そのものであるのと同じように、私たちがハーマンミラーなのだ。会社が私たちと異質なものになることはありえない。

ハーマンミラーの従業員は多様性に富む集団だが、そのほとんどがこうした価値観を共有している。価値観のルーツはたいてい人によって異なるが、口に出され、了解されている価値観は驚くほど一致している。

理想、アイデア、目標、敬意を共有し、誠実さ、質、主張すべきこと、気遣うべきことについて同じ感覚を持つ――これがハーマンミラーにおける「心の関係」と価値体系の基礎だ。

私たちの価値体系は社内にはっきりと示されている。ここまで徹底するのは一般的ではないかもしれないが、この価値体系と、そのまわりに築く「心の関係」があるからこそ、ともに働くことができる。自分たちが社の精神にとってかけがえのない存在になれると考えることができるのだ。

ハーマンミラーはこれらの価値を維持しようとしている。しかし、信念体系はつねに変化にさらされる。何人《なんぴと》たりとも変化は避けられない。

起業がうまくいけば、たいてい会社ができる。会社として成功すれば、たいてい大きな組織になる。大きな組織は官僚制を育てるが、これはあらゆる関係のなかでもっとも皮相的で空虚なものだ。

官僚制は私たちの才能や能力を平均化してしまう。だからこそ、部族の語り部である古老たちは、つねに企業の「再生」に力を入れなければならない。価値体系を維持し、活性化しなければならない。

企業内の価値をこまかく吟味し、官僚制を根絶やしにして、従業員一人ひとりを支える。こうしてつねに再生していけば、従業員は企業生活につきものの危機に備えることもできる。

この再生の目標は、個人として、ひいては企業として、潜在能力をフルに発揮できる「場」を与えることだ。再生は、他人に心から奉仕することで達成される。みずからの保身を図るだけでは達成できない。再生は、自己管理という内向きの取り組みではなく、他人に奉仕するという外向きの取り組みだ。全員が取り組むべきことだが、とりわけ部族の語り部にまかされた特殊な仕事である。

どんな会社にも部族的な物語がある。語り部の数はわずかだろうが、マニュアルや電球のように瑣末なもので代用できないことを理解するのは、みんなの務めだ。

10

オーナーと従業員の理想の関係

大ざっぱに言って、アメリカの典型的な企業オーナーは、三つのグループに分けることができる。

第一グループは一般的なオーナーで、たんにビジネスにカネを投資する人々。第二グループは、勤続する年月を捧げるという意味で、人生と才能を投資する人々。第三グループは、企業に欠かせない貢献をし、特別なスキルや才能や創造力を投資し、強い熱意を持っているが、常勤ではない人々。

企業を理解するには、こうしたオーナーの特性を理解しなければならない。特性は彼らのマネジメントと個人的な態度に現れる。もし企業に奉仕するつもりなら、プロのコンサルタントであれ、正社員のオーナーであれ、オーナーシップの考え方を理解しなければならない。

では、オーナーシップの考え方とは何か？

たとえば、心がけるべきは短期的な成果か長期的な成果か、物質的な成長か精神的な成熟か？

どのようなマネジメントに力を注ぐのか？

仕事をわずらわしいものと考えるか、チャンスと考えるか？

オーナーは自分の役割を人々のアイデアや特別な才能の「管理人」と考えるか、それらの「所有者」と考えるか？

私たちみんなが働き生活している複雑な環境のなかで、オーナーは人に奉仕しようと心がけるのか、カネやモノを蓄えようと心がけるのか？　言い換えれば、オーナーにとって、物質的に豊かになることが人生のすべてなのか？

最近、あるビジネス誌にオーナーシップの考え方の一例が載っていた。

ある有限会社の社長が、もし株式会社を経営していたら戦術はちがっていたかという質問を受けて、こう答えていた。

「もし自分の翌年の報酬が自己資本利益率（ROE）で決まるとわかってたら、当然同じようにはふるまわないよ。株式会社のトップとして本当にカネもうけできるのは、ほんの二、三年だ。できるだけたくさん退職金をもらえるように、一ペニー残らず決算表の最終行に計上したいね」

これと対照的なすばらしい見解が、ある思慮深い本に載っている。AT&Tの幹部を二〇年間勤めたロバート・グリーンリーフによる『サーバントリーダーシップ』という本だ。そこに「愛は定義しにくいことばであり、その現れ方はさりげないが奥深い」とある。彼は愛の絶対条件はただひとつ「無条件の責任」だという。「相手に対する責任に、いかなる程度であれ条件がつくとき、愛はそのぶん減る」と。

オーナーは有形資産だけでなく、企業の後継者への遺産に対しても責任を負う。

ハーマンミラーでは、「オーナー」と「後継者」と「従業員」は同じものをさすことが多い。これは二〇年以上前、社にキャリアを捧げる少数の幹部に自社株を売ったことから始まった。

今日、ハーマンミラーは、勤続一年以上の国内の正社員の一〇〇パーセントが株主という、アメリカでも数少ない株式会社のひとつだ。正社員と株主のふた役を担うことによって、責任と報酬がもたらされるのだ。

この考え方をうまく説明できる話を聞いたことがある。

私の友人がかつてニューヨーク市のハーレムで教師をしていた。彼は都会っ子の生徒たちを田舎へ連れていき、一週間キャンプをしたらどうかと考えた。想像できることだが、現地ではまず野球の試合をしたらしい。

すると妙なことが起きた。外野につきたがる子がいないのだ。理由はすぐにわかった。外野は森に囲まれ、森にはあらゆる危険がひそんでいる。そこで友人は、外野の各ポジションにふたりずつ子どもを置いた。ひとりがグローブを持ち、ひとりが森を見張る。どちらの子も、どちらの務めも重要だった。そうして試合を続けることができた。

ハーマンミラーでは、すべての職位にオーナーと従業員がひとりずついる。誰もがときに従業員として、ときにオーナーとしてふるまい、ときには両方の役割を少しずつ担っているからだ。このように従業員株主が参加型マネジメントを補う仕組みを、一九五〇年代から取り入れている。

カール・F・フロスト博士によって導入されたスキャンロン・プランは、真の意味で、従業員によるオーナーシップの模範例だ。

従業員持株制度は、アイデンティティの確立のために欠かせない。ハーマンミラーにはもともと意欲旺盛な従業員が集まるから、動機づけは重要な問題ではないのだが、人々は、自由を与えられ、当事者となり、責任をもって職務を果たし、潜在能力を発揮しなければならない。これがアイデンティティのもととなる。ハーマンミラーでは、集団に埋没せず、挫折を乗り越え、アイデンティティと働くことの意義を手にする従業員株主が増えつづけている。

従業員共通の責任とオーナーシップを結びつけることには、道義的に正しい面もある。これによって、私たちと仕事の関係、私たち同士の関係が適切に保たれ、長つづきする。

さらに、従業員持株制度は、会社で働く私たちのキャリアに家族全員をかかわらせるすばらしい手段でもある。この制度には一貫した存在意義がある。

一方、従業員持株制度が現実の競争にさらされるのも事実だ。この世にただで得られるものはない。オーナーシップは努力して得るもの、代償を支払うものだ。その中心は利益の分配で、もちろん利益がなければ分配はない。リスクと報酬は合理的かつ公正に結びついている。この制度ではっきりしているのは、個人にとっても企業にとってもリスクがあるということだ。利益のために働くのはすばらしいが、損失に対する覚悟も必要となる。

ハーマンミラーの従業員株主であり、アクィナス・カレッジで修士号取得をめざしている女性から、最近こんな話を聞いた。彼女の教官で、ほかの会社で働いているふたりから「要するにスキャンロン・プランとはどういうものだ」と訊かれたというのだ。私は彼女に、年次報告書の第一部のことを話したらどうかと提案した。そこには私のチェックや承認なしでおこなわれ、編集され、印刷されたインタビューがいろいろ載っていた。会社によっては、これはリスクが大きすぎると考えるだろうが、すぐれた参加型マネジメントがおこなわれているところでは、従業員株主がつねに負っているリスクだ。たいていリスクを補ってあまりある好結果が得られる。

従業員持株制度でもうひとつはっきりしているのは、重要な期待に全員が応えなければならないということだ。オーナーという立場にあるとき、私たちは自分の業績により重い責任を負う。オーナーは問題から逃げるわけにはいかない。だから全員の責任がそれまでとはちがったものになる。

オーナーになれば、誰もがいっそう成長しなければならない。成長ぶりがもっともよくわかるのがリテラシー［訳注：ある分野の情報や技能を理解して活用する能力］の継続的な伸びだ。すなわち、ビジネス・リテラシー、参加リテラシー、オーナーシップ・リテラシー、競争リテラシー。同じ組織、同じ目標、同じ価値体系に尽くすオーナー集団は、多くの分野に明るくなければならない。オーナーになると、できるだけ包括的な情報を得ることが求められる。

要するに、いまの自分のままでは、求められている人物にはなれない。それを心に留めておくことが大切だ。ハーマンミラーでは、みんなが従業員かつオーナーとして成長するために、あらゆることをしようと心がけている。このふたつの役割が結合するとき、敵対関係（「労働者」対「経営者」、「供給者」対「製造者」、「小売業者」対「消費者」）は消えはじめる。

従業員とオーナーの一体化はすでに多くの場所で起きている。

会社のオーナーのようにふるまう従業員が増えれば、かならずや資本主義はよりよいシステムになるだろう。

11

リーダー必須のコミュニケーション術

活力のある組織には、たいてい連帯感がある。相互依存、相互利益、互いへの貢献、そしてシンプルな喜びからなる連帯感だ。これが保たれ、強まるように配慮するのも、リーダーシップの「アート」のひとつだ。

この務めを果たすには、すぐれたコミュニケーションがぜったいに欠かせない。いかなる関係も、すこやかに保つには正直でオープンなコミュニケーションが必要となるが、組織内の関係も、情報が正確で自由に共有されるときによりよいものとなる。

組織の連帯感や価値観の基本を伝えるいちばんの方法は、態度によるコミュニケーションだ。態度によるコミュニケーションは、つねにおこなわれている。しかし世界じゅうに支部のある大きな組織は、態度のほかにもコミュニケーション手段を持たなければならない。とりわけ、無形でも重要で損なわれやすい情報を、広い地域に存在する集団に伝える手段が必要だ。

そもそも、すぐれたコミュニケーションとはいったい何だろう。それで何が達成されるのだろう。

すぐれたコミュニケーションは、人々が教え、学ぶための必須条件だ。成長する会社に生じるギャップを埋める方法であり、人々が連絡をとり合い、信頼を築き、助けを求め、業績を監視し、ビジョンを共有できる方法だ。コミュニケーションをとることによって、社内外に関係を築く参加型オーナーシップのビジョンが明確になる。

すぐれたコミュニケーションとは、たんに情報を発し、受け入れることではない。ただ機械的にデータをやりとりすることでもない。いくらすぐれたコミュニケーションでも、耳を傾ける者がいなければすべて無駄だ。最高のコミュニケーションは、人に耳を傾けさせるものだ。

根本的に、コミュニケーション（そしてその一形態である言語を用いること）は、慣習、文化にかかわる。不誠実、不注意なコミュニケーションは、何よりもまず当事者の人柄を物語る。コミュニケーションは倫理にもかかわる問題だ。すぐれたコミュニケーションとは、相手の一人ひとりに敬意を払うことにほかならない。

むずかしいのは、すぐれたコミュニケーションを手軽で利用しやすいツールにすることだ。それが実現すれば、わざわざ考えなくてもそのツールを選び、使うことが多くなる。

一度、私の孫が鍵のかかったバスルームから出られなくなったことがある。母親が必死にドアを開けようとしたが、うまくいかなかった。警察も呼んだが、やはりドアは開かなかった（その間、孫はドアの下の隙間から手を伸ばし、母親の手を握っていた。これこそまさにすぐれたコミュニケーションだ）。ついに母親は消防署に連絡した。消防車が到着するころには、家の前はちょっとした騒ぎになっていた。

消防士たちはすみやかに斧で（使い方を知り尽くしているツールで）ドアを壊した。人々の不安がピークに達したとき、私の息子チャックが帰宅したが、彼には事情がよく呑みこめなかった。火も煙もないのに、バスルームのドアと枠がめちゃめちゃに壊れていたからだ。

翌日、オフィスでチャックは同僚に、ドアが壊れたと愚痴をこぼした。するとその同僚は、チャックの話にマネジメントの教訓が含まれていると考えた。「消防士には、斧とホースというふたつのツールがある。消防士を呼べば、どちらかを使うに決まってるだろう」

人はみな慣れ親しんで信頼できるツールを使うものだ。リーダーのツールのなかでもっとも信頼でき、使い慣れているのは、コミュニケーション技術だ。ただ、うまく使えるかどうかは別問題で、消防士の斧と同じく、巧みなコミュニケーションにも使い方のルールがある。

実際、すぐれたコミュニケーションには多くの義務がともなう。たとえば、リーダーはすべてのメンバーに対して適切な情報へのアクセスを認めなければならない。それがないかぎり仕事はスムーズに片づけられない。知る権利を尊重することが基本だ。

あえて情報を伏せておくより、情報を共有しすぎてミスをするほうがまだいい。情報は力だが、秘めれば無駄になる。組織や仕事上の関係をうまく機能させるには、力を共有しなければならない。

シンプルで明快なコミュニケーションは、みんなの権利であり義務でもある。私たちは互いに真実を伝え、礼節を尽くさなければならない。ときに真実を伝えることは気まずいし、礼節を尽くすのが面倒なこともある。しかしお忘れなく。真実を伝え、礼節を尽くすコミュニケーションによって私たちは学び、解放されるのだ。

もうひとつの義務として、リーダーはコミュニケーションの内容を吟味する技《アート》を身につけなければならない。

これはいくつかのことに関連する――ことばに敬意を表すること、ことばがあいまいになるのは考え方があいまいだからだと認識すること、また、聞き手があなたから何か特別なものを得ようとしている可能性を考慮しておくこと。

吟味する技を身につければ、私が「三流郵便物《サードクラス・メール》」と呼ぶ無意味な手紙を見破ることができる。ジャンクメールは、家庭でも企業でも、もはや何の役にも立たない。

すぐれたコミュニケーションをひとつのツールと考え、以上のような義務を心に留めておけば、仕事や生活の幅を広げる方法としてうまく利用できるだろう。ツールには用途がある。コミュニケーションも同じだ。

コミュニケーションにはふたつの機能があり、それはふたつの「能動的な」ことばで表される——「教育する」と「解き放つ」だ。

「教育する《エデュケイト》」という単語は「導く」または「引き出す」を意味する二語のラテン語に由来するが、すぐれたコミュニケーションは、ともに働くことには意味があるという認識を引き出す。お互い期待していることを学ばなければ、すぐれた研究や開発もできないし、意思決定をすることも注文を受けることもできない——つまり商売にならないのだ。

教え、学ぶことはビジネス・リテラシーと企業活動の基礎をなす。ビジネス・リテラシーは企業のとる行動の「理由」であり、企業活動は「内容」だ。

このほか、すぐれたコミュニケーションは経済の現状を教え、そのなかで成果を出す必要性を教えてくれる。

すぐれたコミュニケーションを通してのみ、私たちは顧客のニーズと需要を学ぶことができる。

すぐれたコミュニケーションによってのみ、私たちは組織で共通のビジョンを伝え合い、維持できる。コミュニケーションでそのビジョンを明確にし、具体化し、行動に移すことができる。誰もが知っているように、コメントや質問や反応や意見を控えることも、家庭生活や企業生活において強力なコミュニケーションとなりうる。

すぐれたコミュニケーションは私たちを解き放ち、よりよい仕事をさせる。単純な話だ。組織内にすぐれたコミュニケーションがあれば、私たちは要求に応え、責任を果たすことができる。つまり、リーダーはコミュニケーションを用いて部下をのびのびと働かせることができる。人々を解き放ちたいなら、合理性と思いやりと健全な思考にもとづくコミュニケーションをめざさなければならない。

この合理性は、会社と顧客が共通に用いることばやしぐさにも当てはまる。明快ですぐれたコミュニケーションがあるところには、いい仕事や成功に結びつく共通のシンボルが生まれる。プラトンは「社会はそこで尊重されるものを培う」と言った。尊重すべきものをまちがえないようにしよう。もし共通のシンボルを理解できれば、私たちは確実に互いの能力を引き出すことができる。

文化や企業が成熟して複雑さを増すにつれ、コミュニケーションも自然に洗練され、重要さを増す。発展しつづける文化において、コミュニケーションが果たすべき重要な役割は、新たなメンバーに価値観を伝え、古くからいるメンバーにも伝え直すことだ。

価値観は企業の命だ。有効なコミュニケーションを積極的にとらなければ、また、その内容を吟味する方法を知らなければ、この価値観は、瑣末なメモや的はずれな報告書のなかに埋もれてしまう。

意味のある仕事をなしとげ、充実した関係を築くために何より大切なのは、コミュニケーションの技《アート》を学び、実行することだろう。

12

「ピンクの氷」は危険の兆し

毎年四月、ジョージア州オーガスタで開かれるマスターズ・ゴルフ・トーナメントの時期に、同州が国内外の産業界のリーダーを四〇名ほど招いて、一週間の州内ツアーをおこなう。ツアーの目的はジョージア州への産業誘致だ。二日または三日のマスターズ観戦を組み入れて、効果的にツアーへの参加をうながしている。

長年この取り組みは効果をあげ、ジョージア州は驚くほど巧みに新たな産業を呼びこんできた。そしてある年、ハーマンミラーの工場が同州アトランタ北東のロズウェルにある関係で、わが社も主催者側としてこれに招かれた。

私たちはイベントを企画するために委員会を発足させた。その会合で、ある好人物が、施設の印象をよくするために男性用の小便器にピンクの氷を入れたらどうかと発言した。

善意の提案ではあったが、私はピンクの氷を危険な兆候と見なした。いったい小便器のピンクの氷が本当にジョージア州への産業誘致に役立つだろうか。

もうひとつ。数カ月前に、私は金融業界の「鳴り物入り」の宣伝にたずさわった。私たち宣伝チームが、ボストンで優秀なファイナンシャル・アナリスト向けにプレゼンテーションをしたところ、質疑応答の時間に、あるアナリストが私に尋ねた。「あなたが個人的に取り組まなければならない課題のうち、いちばんむずかしいものは何ですか」。私が「エントロピーを断つことです」と答えると、彼はずいぶん驚いていた。

エントロピーとは、専門的には熱力学第二法則の用語だが、私は企業のマネジメントの視点から、あえてこのことばを「すべてのものは衰退する傾向がある」という意味にとらえている。リーダーが学ばなければならない重要なこと、それは衰退の兆候を察知することだ。

長年かけて、私はそういう兆候のリストをつくった。大組織には無関心な従業員が多いことを心に留めて、読んでみてほしい。彼らは次のようなエントロピーの兆候をよく見逃してしまう。

●上っ面だけの態度が蔓延する。
●優秀な従業員のあいだに不安感が漂う。
●お祝いや儀式の時間がなくなる。
●報酬こそが目標であるという意識が広がる。
●従業員が「部族的」物語を語らなくなったり、理解できなくなったりする。
●ビジネスなんて単純だ、と同僚にうそぶく者がたびたび現れる（本来は、ビジネスの複雑さとあいまいさを受け入れ、建設的に対処しなければならない）。
●「責任」「サービス」「信頼」といったことばに対する見解が人によって異なりだす。
●問題をつくり出す者のほうが解決する者より多くなる。
●「英雄」と「有名人」を混同する。
●リーダーが従業員を解き放たず、支配しようとする。

●日常業務の忙しさから、ビジョンとリスクについて考えなくなる（両者が不可分であることはご承知のとおり）。
●従業員が、貢献、精神、美徳、美、喜びなどを大切にする価値観ではなく、ビジネス・スクールで学んだドライな基準にしたがおうとする。
●顧客について話すときに、サービスを提供できるチャンスではなく、時間的負担として語る。
●マニュアルが横行する。
●過去と将来に対する考えを数字で示したくなる（試作品を見て「一九九〇年には六四九万三〇〇〇ドルは売れる」などと言う人がよくいるが、これほどひどいことはない。聞いたあなたは、それを実現させる計画か、避けるための計画を立てるしかなくなる）。
●指標を設けたくなる。
●リーダーが、人ではなく組織構造に頼る。

●判断、経験、分別に関して自信を失う。
●気品、スタイル、礼節を失う。
●ことばに対する敬意を失う。

もしあなたとあなたの企業が最高でありたいと願うなら、「小便器のピンクの氷」に注意することだ。

13

勤務評定のポイント

ビジネスにおいて方針と実務の一致（または不一致）がはっきりと浮かび上がることがある。勤務評定がその一例だ。そこでは、自分が何に向けて努力しているか、どの程度それを実現しているか、そして「次はどうする？」が問われる。

勤務評定は、うまくおこなえば、目標を見直し、方針と実務を再編成し、進歩の度合いを測るすぐれた方法となる。そうなるためには、タイミングを見計らい、対象者を直接かかわらせて評定しなければならない。また、人の潜在能力をフルに発揮させるものでなければならない。

説明や評価が容易な仕事については、たいてい組織のなかにすぐれた手順があるものだ。しかし、リーダーシップにともなう責務や、ほかの多くの仕事は白黒をつけにくく、測定も容易でないため、長い時間をかけて吟味しなければならない。

リーダーは、日々起きていること以上に、将来起きることに対して責任を負う。将来にわたる責任を評価するのはむずかしく、よってリーダーの業績は評価しにくい。過去の業績やプロセスを把握することもたしかに必要だが、リーダーの責務と業績については、将来に重きを置かなければならない。とくに忘れがちなのは、リーダーの現在の行動が正しいか否かは、数カ月ないし数年後にしかわからないという点だ。リーダーの業績のほとんどは、その結果がわかるまで評価できない。

今日の信頼が明日の可能性をつくり出す。成長の過程で誰もがやるあやまちを許すことによっても、未来の可能性は広がる。私たちは、信頼を介してお互いを解き放ち、務めを果たすことができるのだ。

この前私は、ハーマンミラーで一五人ほどのグループに加わって討議をおこなった。わが社は「ジャスト・イン・タイム」という在庫管理プログラムを導入しているが、グループのひとりの女性が私に、このプログラムの内容を理解し、成功させたいという熱意を持っているかと尋ねた。私は、完全に理解はしていないが、成功させたい熱意はあると答えた。彼女は沈黙した。たぶん、よく理解せずにどうして熱意を持てるのかと訊きたかったはずだが、失礼かと思いためらっていたのだ。

その女性の仕事を尋ねると、技術部門に所属していると答えた。「部門の調子はどうかな?」と私は訊いた。彼女は「順調です」と答えた。技術部門の現状に私は満足していいだろうかと尋ねたところ、彼女はおおむね満足していただけるはずですと答えた。

そこで私はさらに、私の仕事ぶりに彼女が満足しているかどうかを尋ねた。彼女は満足していると答えたが、次の瞬間、私の質問の意図に気づいたらしく、すぐに言い足した。会長のなさっていることをすべて理解しているわけではありませんが、と。

こうして、グループ全員が見守るなか、相手の仕事の内容や責任について完全に理解する必要はないということで、私と彼女の意見は自然に一致した。すべてを理解していなくても、相手の役割や成功に心から熱意を抱くことはできるのだ。

グループでもこの考え方について話し合い、理解は組織活動の本質的な要素だが、全員がすべてを知り、すべてを理解するのは無理だという結論に達した。肝心なのは、割り当てられた任務を各人がきちんと果たしていると信じ合うことだ。このような信頼関係があれば、すばらしく自由な職場が生まれる。

ただ、信頼関係があるからといって、将来が約束されるわけではない。逆に、将来が不確実だからといって、リーダーシップがリスクだらけの仕事になるわけでもない。本書で述べる多くのことは、企業戦略と結びつければ意義深く効果的に論じることができるだろう。哲学を実践に結びつけることは可能だし、そうすべきだ。

有能なCEOは、シニア・マネジメント・チームの勤務評定をおこなう。リーダーはみな「心の関係」のひとつとして部下の成績を評価しなければならないが、それにはさまざまな方法がある。私はふだん、シニア・マネジメント・チームにあらかじめリクエストと質問のリストを渡しておく。ほかに彼らが話し合いたいことがあれば何でも受け入れる。話題にはまったく制限がない。

これまで私が勤務評定の前に各シニア・マネジャーに渡したリストには、次のような項目がある。

●あなたの年次計画と照らし合わせて、自分がなしとげたと思うことを一、二ページで簡潔にまとめてください。担当分野でもっとも重要な成果は何ですか。

●あなたのマネジメント哲学を一ページ以内でまとめてください。来年はどんな生涯教育や能力開発を考えているか、個人的な計画を説明してください。

●わが社の将来のために、あなたはこれからどう責任を果たすか、また、あなたの将来のキャリアのために、わが社はどう責任を果たすべきかを考えてください。わが社が計画どおりに成長するには、どんな変化が必要だと思いますか。

●シニア・マネジメント・レベルのチームづくりについて、もう一度考えてみてください。各メンバーの責任や報酬のバランスについて述べてもいいし、後継者育成の観点から述べてもかまいません。シニア・マネジメントの退職について何を検討すべきだと思いますか。

●競合他社について対処すべき分野はどこか、どう対処すべきかを話し合えるように、考えをまとめておいてください。たとえば、どの社が脅威になりつつあるか。

競合他社はどんな点でわが社に勝《まさ》っているか。製品か、サービスか、営業力か、マーケティングや広告か、販売店の配置か、あるいは価格か。

●積極的に企業文化を伝える「企業の語り部」のひとりとして、あなたがハーマンミラーで果たせる役割を説明してください。わが社の企業文化は何だと思いますか。

●戦略、価値観、参加、継続性、チームづくりといったことに私自身がもっと時間をさくには、どうすればいいと思いますか。

●ハーマンミラーの要となるリーダーとして、あなたが役立つか支援できる五つのプロジェクト、または目標をあげてください。そのなかで私が支援できそうなものはどれですか。

このほか、本人への直接質問も、勤務評定の重要な要素だ。適切な質問をするこつを身につけるのには努力がいる。私はこれまでシニア・マネジャーに次のような質問をした。

●あなたのマネジメント哲学を、進んでチームのメンバーと共有したいと思いますか。

●CEOにもっとも期待し、求めることをいくつかあげてください。

●あなたは何をしたい（何になりたい）ですか。そのためにどんな計画を立てていますか。

●あなたはどんな人ですか。個人としての自分、職業人としての自分、組織の一員としての自分をどう見ていますか。

●ハーマンミラーにはあなたが必要ですか。

●あなたにはハーマンミラーが必要ですか。

●スキャンロン・プランの潜在能力を実現させるために何をしていますか。哲学、職務、教育、関係管理の面から説明してください。

●あなたが私の立場にいるとします。そのとき注目する重要な分野または問題をひとつあげてください。
●わが社であなたが貢献できると感じているにもかかわらず、発言の機会を与えられていない分野は何ですか。
●これまでに断念したことは何ですか。
●失敗したと感じていることはありますか。
●すばらしい会社になるために努力すべきことをふたつあげてください。
●品位を保つことで、私たちはどうなれると思いますか。
●最高の潜在能力を持つ三名の部下に対して、来年はどんな能力開発をおこないますか（それは誰ですか）。
●この一年で、誠実さという見地から、あなたが個人的、職務的、組織的にもっとも影響を受けたことは何ですか。
●ハーマンミラーのなかで緊急の対応を要するエントロピーの兆候を三つあげてく

ださい。あなたはそれにどう対処していますか。

●担当分野で相乗効果《シナジー》が得られつつあることを三つあげてください。私たちはそれをどう利用できますか。

最後に、ほかのリーダーの意見を参考にすることも有意義だろう。自分と同じ分野にいるリーダーでなくてもいい。かつてマハトマ・ガンジーは、世の中に七つの大罪があると説いた——労働なき富、良心なき快楽、人格なき知識、倫理なき商業、人間性なき科学、犠牲なき信仰、そして主義なき政治だ。これら七つの大罪に照らして勤務評定をおこなえば、じつにすばらしい評価ができるだろう。

14

会社の施設のあり方

抽象的なことばでの表現を、いかにして鋼鉄や石の建造物に変えるか？

私たちはみな、ギリシャ人やローマ人が建造物に文化の足跡を残した方法を知っている。マヤ人もその文化を独特な建物で表現した。一般的に、建造物は人と環境の関係をとらえていると言えるだろう。ハーマンミラーも、一企業として日々この関係に取り組んでいる。

施設と企業文化《カルチャー》の関係を考えようと、辞書で「カルチャー」ということばを引いてみた。いくつもある定義のうち、多くは培養《カルチャー》など生物関係のものだったが、私は「文明の特定の状態または段階」という定義に注目した。私にとってこの定義はうまく企業文化の概念と結びつく。だが、疑問がひとつ残る――人の建てた施設を「文明の特定の状態または段階」と考えるには、どうすればいいか。

自問は理解に役立つことがよくある。次に「物理的」場所と「社会的」場所に関する質問をいくつかあげる。これらを自問することによって、さまざまな方向から職場環境について考えることができるだろう。

- ●ここで自分がしていることに価値はあるか。
- ●ここで自分がしていることは、誰かほかの人にちがいをもたらしているか。
- ●なぜ自分はここに来るべきなのか。
- ●ここで自分は重要な人物になれるか。
- ●自分にとってここは理にかなっているか。
- ●ここの「オーナー」になれるか。
- ●自分になんらかの権利はあるか。
- ●ここに来ることによって、自分の人生は少しでも豊かになっているか。
- ●ここは何かを学べる場所か。
- ●ここを家族に見せたいか。見せるのが恥ずかしいか。またはどうでもいいか。
- ●ここに信頼できる人物はいるか。
- ●ここに自分が影響を与える余地はあるか。

●この場所は、建造物を社会の反映と考えるのに役立つか。

物理的環境はとても重要だが、経営環境ほどではない。物理的環境の多くは、経営環境がもたらす結果の一部にすぎない。その意味で、施設は企業の状況とリーダーシップと価値観を反映したものになる。

世の経済もハーマンミラーの財務状況も逼迫《ひっぱく》していた時期に、わが社のある従業員株主が、ミシガン州ジーランドの本社を取り巻く三つの池になぜこれほどカネをかけたのかと訊いた。つまり、それらの池が、わが社とわが社の価値観をどう反映しているのかと尋ねたわけだ。従業員からすればもっともな質問だった。

建物は周囲から完全に孤立したものではない。わが社の池も同じだ。池があるのは、わが社の建物の屋根から流れ落ちる雨水を貯め、近隣の土地が水浸しになるのを防ぎ、土地利用に関する地域の法律を守るためだ。火災が起きた場合には、池からすぐに水を使える。それに、池は本社の景観に彩りを添えている。従業員が池のほとりでピクニックを楽しむこともできる。つまり、これらの池は、ハーマンミラーの施設のごく一部にすぎないが、ビジネス、地域社会、従業員に対するわが社の姿勢を反映しているのだ。

このように、すべての施設はまわりに意味をもたらさなければならない。施設と企業文明の状態（段階）とのあいだには、意味のつながりがなければならない。

施設は文明の一表現として、質の高いものであるべきだ。質には見てすぐにわかるものと、そうでないものがある。

施設は従業員が所有できる場所であるべきだ。職場である施設を所有するということは、オーナーシップの考え方と密接につながる。オーナーと賃借人は根本的にちがうからだ。賃借人は責任を負わないオーナーと言っていいだろう。

施設は人々にベストを尽くす可能性と力を与える場所であるべきだ。そのため、マネジャーと同じように、施設にも他者に謙虚に譲るところがなければならない。

施設は企業生活に関する知識（ビジネス・リテラシー、競争相手、人間関係、オーナーシップに関する知識）を高める場所であるべきだ。人々に充分なコミュニケーションをうながす場所でなければならない。

施設はまた、人々が潜在能力をフルに発揮できる場所であるべきだ。「触れ合いの多《ハイタッチ》い」場所、すなわち人と人、人とテクノロジーを効率よく人間味のある方法で結びつける場所でなければならない。

さて、施設と企業文化について、哲学的なことと実際的なことを述べてきたが、これらはもっと具体的に語ることができる。私たちは次のような環境づくりをめざすべきだ。

●開かれたコミュニティと、思いがけない巡り合いをうながす。

●あらゆる人々を受け入れる。
●ユーザーにやさしい。
●品位を保って変化する。
●普通の人からかけ離れていない。
●人々の活動に役立つ。
●計画時のあやまりを許容する。
●コミュニティが（ひとつの職場環境として）潜在能力を発揮しつづけられる。
●人の美的感覚と価値観にかなう景観をもたらす。
●私たちに認識できるニーズを満たす。
●予想外のことにも対応できる。
●対立を受け入れる。
●柔軟性があり、凝りすぎず、仰々しくない。

思慮深く企業資産を管理するのは大事だが、すぐれた長期計画と質の高い環境を犠牲にしてまで節約してはならない。

将来の選択肢を残しておくことも大切だ。これには厳しい規律が必要となる。可能なかぎりすべてを決めてしまいたいという衝動がつねにはたらくからだ。

施設が機能している背景、施設のもたらす状況や価値を理解することも大切だ。

ひとつの機能やニーズに力を入れすぎたり、こだわりすぎたりしないことも大切だ。

経験上、さまざまな使い方ができるようにしておく、自由に拡張できる造りにしておくことが必要なのは明らかだ。めざすべき目標は、発展途上の建物を建てることだ。

もうひとつの目標は、施設について的確な疑問を発すること。それがいちばん得意なのは、おそらくバックミンスター（バッキー）・フラーだろう。

哲学者、発明家、そしてデザイナーである（そのものずばりの肩書きがわかったためしがない）バッキーは、あるとき、名建築家のノーマン・フォスターがイギリスの田舎に建てたばかりの新しい建物を見学した。ノーマンは周到にこの見学に備え、自分のスタッフに頼んで、バッキーの訊きそうなありとあらゆる質問を検討しておいた。そして巨大なヘリコプターで草地におろされた巨大な模型のようなその建物にバッキーを連れていきながら、心のなかであらゆる回答をあらゆる角度から復習していた。

だが、ふたりで堂々たる建物のなかをゆっくりと歩いているあいだ、バッキーは黙ったままだった。ようやく振り返り、目をきらめかせてノーマンを見すえると、ただこう訊いた。「これの重さはどのくらいだね？」

15

後継者の選び方

リーダーシップの「アート」の多くは未来にかかわっている。組織の将来に備えること、自分のあとまで続く未来に目を向けるリーダーの種をまき、育てることにある。この未来のリーダーは、キャリアのある時点で副社長という肩書きを得る。副社長は日常業務にも重要な存在だが、組織の将来にとってはさらに重要だ。

条件を満たす副社長を選ぶのは容易ではない。

数年前、私は副社長を数名選ばなければならなくなった。これは関係者にとっても組織にとっても重大な人選だ。マネジメントとリーダーシップの基本的な考え方や方向性を定めるだけでなく、未来に残す遺産の具体的な内容も左右することになるからだ。

そこで私はシニア・マネジメント・チームにメモを配り、選定にあたっては次の三要素の検討が欠かせないだろうと提案した。

第一に、この意思決定にあたって、会社はシニア・マネジメント・チームに次のようなことを要求する。

●副社長という職位に、はっきりと幹部レベルの責任を負わせる。
●副社長を任命することによって、その職責と会社の将来にとっての重要性を全従業員に示す。
●副社長となる人物には、個人的な業績のほかに、今後も成長しつづけ、責任を果たす潜在能力があることを確かめる。
●副社長としての報酬より、個人、職業人、組織の一員として、会社の期待と挑戦すべき課題を重視する人物を任命する。
●それぞれの任命について、社内の人々にくわしく説明する。

第二に、未来のリーダー候補は、組織からいくつかのことを求められる。彼らは、リーダー全員が備えるべき特質を備えていなければならない。すなわち――

●首尾一貫して信頼できる誠実さがある。
●異質性と多様性を大切にする。
●才能を発掘する。
●反対意見を受け入れる。
●あらゆる職位の人々と気軽にコミュニケーションをとる。
●公平の概念を理解し、つねに擁護する。
●奉仕することによって導く。
●他人のスキルや才能にものごとをまかせる。
●組織と仕事に愛着を持つ。
●大局的な視点（自分の専門分野より広い視点）でものごとを見ることができる。
●広報担当者であり、外交官でもある。
●部族的な語り部（企業文化を伝える大切な手段）になれる。

●「いかに」ではなく「なぜ」を語る。

第三に、未来のリーダー候補は、わが社の広報担当者であるだけでなく、わが社の基本的な価値観を共有しなければならない。そしてハーマンミラーの特色を、社内はもちろん、世界に伝えられなければならない。よって次のことを理解し、代弁する必要がある。

●わが社の価値体系
●あらゆる分野でのすぐれたデザイン
●参加型マネジメント
●人や倫理観に現れるわが社の特徴

私がメモを送ったあと、数名の部下が、考慮すべきことをさらに追加してくれた。

これらの追加事項は、さまざまな経験（ある部下に言わせると「痛い目にあった」経験）から生じたアイデアだ。

●部下がしたがうのは、ビジョンにもとづくリーダーシップだけだ。
●候補者の個性をもっとも重視すべきだ。
●リーダーになってほしいと頼む前に、その人に信念と実行のあいだのギャップ、仕事と家庭のあいだのギャップがないか、確かめられないだろうか。
●リーダーシップについて語ると、かならず将来の話、遺産の話、部下の話になる。つまり、リーダーシップは、組織のきわめて重要な側面である「従業員」と「将来」に密接につながっている。だからこそ時間をかけ、慎重に選定しなければならない。
●幹部を選ぶとき、失敗することも念頭に置いて、潔く決断をひるがえすことも考慮しておきたい。幹部への昇進はグループで決定し、過半数ぎりぎりでの決着は避けるべきだ。選定に真剣に取り組み、その際、遠慮がちな態度をとらないこと。マネジャーの異動のさせ方によっては、その上に立つリーダーがうまく導けない、または導きたくないチームを引き受けてしまうこともある。

●候補者の健康状態を確認する。
●候補者の同僚の意見を聞く。
●その人物に重要なプロジェクト・チームの主要メンバーになってもらいたいと思うかどうか。

どれも大切な視点だ。組織が直面する諸問題のうち、リーダー選びほど不可欠で重要なものはない。

すぐれたリーダーの特質として、あなたなら何を追加するだろうか。

16

あなたは泣いていますか?

大《だい》のおとなは泣くだろうか？　泣くべきだろうか？

もちろんだ。この世の現実に触れた者はみな、泣く理由がいくらでもあることを知っている。私たちは勝利に涙し、悲劇に涙する。善良な人ならたいてい、立派な行為や嘆かわしい行為にも涙を流す。

「マックスが泣くなんてことがあるのか。会長兼CEOだろう。いったい彼にどんな悩みがある？」と言う人がいるかもしれない。たしかに私の喜びや悲しみはほかの人とはちがうかもしれないが、それらがごく自然な感情であることに変わりはない。最近私が涙を流したもっともな理由についてお話しよう。


わが社には幹部と役員レベルのマネジャーが六、七〇人おり、四半期に一度のミーティングで業績を見直し、計画を練り、アイデアや方針を検討している。

そのミーティングの直前に、私は障害を持つ従業員の母親からすばらしい手紙を受け取った。心揺さぶられる礼状で、ハーマンミラーの大勢の従業員が力を尽くし、重度の障害を持つ息子の人生を有意義で豊かなものにしてくれていると感謝していた。わが社では、障害者に仕事をまかせよう、従業員すべてが一人前であることを認めようと、表立ってはいないが懸命な努力がなされているので、私はこの手紙を幹部に読み聞かせたらいいのではないかと考えた。

そして実際に大部分を読んだが、最後まで読み上げることができなかった。集まった幹部の前で泣いてしまい、ばつの悪い思いで口ごもり、読み進められなくなったのだ。そのとき、洗練された紳士である上席副社長のジョー・シュワルツが、中央の通路を歩いてきて、私の肩に腕をまわし、頬にキスをし、ミーティングを一時中断した。

こんな理由で涙を流す機会はもっとあっていいと思う。だが残念ながら、ちがう理由で涙を流すこともある。

数年前、じつに有能なマネジャーが、ある都市で大規模な工場を監督するために本社を去ったときのことだ。できるかぎり彼の手助けをしたいと考えたある幹部が、必要なものはないかと本人に尋ねたところ、そのマネジャーはこう答えた。「本社の人に伝えてもらえますかね。ぼくが電話をかけたときには、客みたいに待たせないでくれと」

これが泣かずにいられようか。

しかし、どうやら涙を流さない人々も多いようだ。なぜか？　自分の仕事に愛着を感じていないからだ。その人たちは本気で潜在能力を発揮しようとしていないはずだ。たんに失敗は許されないと考えているにちがいない。自分の組織と心で結びついていないのだ。

このほか、失望や無念の涙といったものもあるが、このような涙は流さなくてもやっていける。

私たちはふだんどんなことで泣くだろう。どんなことで泣くべきだろう。ここまで本書を読んできたかたは、そろそろリストが出てくるとおわかりだろう。

次のようなことに対して、私たちは涙を流すべきだと思う。

●上っ面だけの態度
●尊厳の欠如
●不正や、公平さを妨げる欠陥
●すばらしい知らせ！
●やさしさ
●「ありがとう」のひとこと
●別れ
●傲慢さ
●アイデア、方針、質に背を向けること
●業界用語（ものごとを明らかにせず、むしろ混乱させるから）
●顧客を邪魔者と見なすこと

●態度を見ず、結果だけを見るリーダー
●「英雄」と「有名人」のちがいがわからない人々
●「快楽」を「意味」と取りちがえること
●決して「ありがとう」と言わないリーダー
●のびのびとベストを尽くせない仕事を押しつけられること
●信頼と能力ではなく、政治とヒエラルキーに頼るリーダーにしたがおうとする、よき人々
●社の精神にとってかけがえのない人々

ほかにも、小便器のピンクの氷のような「エントロピー」にまつわることをリストに加えるのは簡単だ。あなたなら何を追加するだろう。

あなたはどんなことで泣きますか?

17

品格のしるし

数年前、妻と私はもうひと組の夫婦とともに、イギリスとスコットランドで休暇をすごした。

ある夜、私たちは小さな村のパブで夕食をとろうと、海辺の道を車で走っていた。そばに海が広がっていたが、それがイギリス海峡なのか、スペインの無敵艦隊が敗北したファルマスの入り江なのかわからなかった。

どちらだろうと車のなかで話していたとき、前方の歩道を女性ふたりと子どもひとりが歩いているのに気づいた。私は友人に「ジョン、車を寄せてくれ。彼女たちにイギリス海峡かどうか訊いてみる」と言った。ジョンが車を止め、私は窓を開けて言った。「すみません、あれはイギリス海峡ですか」。するとひとりの女性が背後を見やって答えた。「その一部ですけど」

私たちが自分や他人のことを考えるときには、たいていその一部しか見ていない。個人、そして企業の評価に本来用いるべき尺度は、みずからを最高の状態に持っていこうとする努力の量、すなわち潜在能力を活かすために注ぐエネルギーの度合いだ。品格のある会社は社員に自由を与え、自己実現をさせる。同様に、品格のあるリーダーは部下に自由を与える。

不正確なことばを使った私の例からわかるように、不運にも私たちは、人や企業の一部を全体と取りちがえてしまいがちだ。悲しいことに、これはビジネスでは日常茶飯事である。人についても財務についても、一部を全体ととらえざるをえない厳しい状況がある。

オフィスや工場で、私たちは人の一面しか見ていない。私の父が工場の親方の意外な面を発見したように、職場で目にする人の一部から、その人の全体像はほとんどつかめないのだ。

同様に、企業の財務状態を短期間だけで見たり、結果がすぐ業績に反映されることを当てこんだりすれば、全体の一部しか見えず、ことによるとゆがんだ見方をしてしまう。肝心な要素を見落とし、レースを最後まで走りきれないかもしれない。

私の友人がある同僚のことを「九五ヤード走」がうまいと評した。こういう褒め方はされたくないものだ。最後の五ヤードがなければ、最初の九五ヤードは無意味なのだから。

じつはこれに関連して、私はまた全体の一部しか見ていないことを指摘されて、はっとした。ハーマンミラーのパネル組立工カート・ショステンが、この「九五ヤード走」の話を聞き、私の考えを補足する意見を聞かせてくれたのだ。カートはこう説明した。真剣なランナーは一〇〇ヤード競争を一一〇ヤード走のつもりで走り、最後の数ヤードで人に抜かれないようにすると。すばらしい補足ではないか。こんなふうに全体のさらに先まで考えよう。

ものごとの一部が全体と誤解されることは多い。完全と思われた考えが不完全なこともある。すこやかに築かれたように見える関係が、まだ不充分とわかることもある。決算と思われた数値が、じつは初期の数値だったりもする。ものごとの一部を一部としてとらえ、完全なものにしようと努力するなら（つまり、個人として変化しつづけるなら）、人として、企業として、組織として、より向上することになるだろう。

品格のあるリーダーはつねに完全を求める。品格のしるしには何があるか。高い潜在能力を持つ人々を解き放つために、リーダーは何をすべきか。

私は、品格のあるリーダーになるためには、次のようなことを理解しなければならないと思う。

●契約はさまざまな関係のなかのごく一部である。完全な関係には「心」が必要だ。

●知性と教育は「事実」を教えてくれる。知恵は「真実」を教えてくれる。企業生活にはどちらも必要だ。

●時間をさいているからといって、かならずしも関与していることにはならない。

●ヒエラルキーと平等は矛盾しない。ヒエラルキーは人々につながりをもたらす。

そこに平等を持ちこむことによって、反応がよく責任能力の高いヒエラルキーができる。

●許し合いのない組織で、真に自由に行動することはできない。

●いかなるときにも、チャンスと責任は結びつけられなければならない。これは理想論ではない。責任を果たすという約束がないなら、真のチャンスもリスクも存在しない。真のチャンスとリスクがないなら、責任がその人の手に渡ることもない。それは別の誰かにとどまったままだ。

●クジラはサボテンと同じくらいユニークな存在だが、クジラにデス・バレー［訳注：アメリカ西部の乾燥盆地］で生き抜けと求めるのはよそう。人はそれぞれ特別な才能に恵まれている。それをどこでどう使うかによって、何かを達成できるかどうかが決まる。

●目標と報酬は人の活動の一部にすぎないし、それぞれ別個のものだ。報酬そのものが目標になるとき、私たちは仕事の一部しか追求していないことになる。追求すべきは目標だ。両者の関係がすこやかで合理的なら、目標達成のプロセスが報酬の喜びで締めくくられる。喜びはリーダーシップに欠かせない要素だ。リーダーにはそれを与える義務がある。

以上が私の考える品格のしるしだ。

ある意味、私にとって本書を著すことは、完全をめざし、自己実現をめざすための方法だった。私の願いはもちろん、本書で述べた考えが、多少なりともあなたの自己実現に役立つことだ。いま、あなたと私のあいだに、本書をともに書いて読むという一種の協力関係ができていればうれしい。私の意見によってあなたが何かを感じ、読みながら行間にたくさんの書きこみをしていることを願う。

私たちはたゆみなく品格と完全性を追求し、潜在能力を発揮すべきだ。その旅に終わりはない。

私たちの目の前に、どれほどすばらしい展望が広がっていることか！

あとがき

私は本書の出だしを、長すぎた柱の話で締めくくった。今度は短すぎた柱、というより、あえて短くした柱の話で終わらせたいと思う。

著名なイギリス人建築家、サー・クリストファー・レンが、ロンドンにある建築物を建てた。ところが、建築の依頼主たちが、彼の設計のある場所に柱と柱のあいだが開きすぎている部分があるから、支柱をもう一列増やすようにと提案した。

サー・クリストファーは話し合いの末、不本意ながらしたがった。そして柱を一列増やしたが、それらの不必要な柱と、その上にわたす梁とのあいだにわざと隙間を残しておいた。

依頼主のお偉方が下から見てもこの隙間は見えなかった。今日まで、その梁はたわんでいない。柱はしっかりと立っている。サー・クリストファーの確信のほかには、何も支えずに。

リーダーシップは、一連のやるべきことというより、「アート」と、信念と、心がけの問題だ。最終的に、巧みなリーダーシップのしるしは実践にはっきりと現れる。

本書は、一九八九年に刊行された『Leadership is an Art』（邦訳『リーダーシップの真髄』経済界、一九九九年）の改訂版として、二〇〇四年に刊行された原書を元に翻訳したものです。

この度は本書をお買いあげいただき有り難うございます。
内容に関するご意見・ご感想等は下記のいずれかへお願いいたします。

海と月社
〒180-0003　東京都武蔵野市吉祥寺南町2-25-14-105
FAX 0422-26-9032／Eメール info@umitotsuki.co.jp

響《ひび》き合《あ》うリーダーシップ

2009年4月26日　初版第1刷発行
2016年6月1日　第4刷発行

著者　マックス・デプリー
訳者　依田卓巳
装幀　重原 隆
印刷　萩原印刷株式会社
発行所　有限会社海と月社
〒180-0003　東京都武蔵野市吉祥寺南町2-25-14-105
電話0422-26-9031　FAX0422-26-9032
http://www.umitotsuki.co.jp

定価はカバーに表示してあります。乱丁本・落丁本はお取り替えいたします。

ISBN978-4-903212-11-1

リーダーの使命とは何か

フランシス・ヘッセルバイン
谷川 漣［訳］　◎1600円（税別）

「トップ」ではなく「中心」であれ。リーダーシップの世界的権威が、マナーからビジョンの描き方まで細やかに語る

あなたらしく導きなさい

愛されるリーダーの生き方、愉しみ方

フランシス・ヘッセルバイン
伊東奈美子［訳］　◎1600円（税別）

ドラッカーとの思い出、歴代大統領や世界的リーダーとの逸話……「米国最高のマネジャー」の温かくも力強い上質のアドバイス